経営情報論

BASICS OF MANAGEMENT INFORMATION

著・生稲史彦
　　高井文子
　　野中　誠

有斐閣ストゥディア

はしがき

　本書では，企業や組織が情報通信技術（ICT: Information and Communication Technology）を活用し，成果を上げるためにはどのようなマネジメントが望ましいのかを考えていきます。本書は，これから企業で働いたり，すでに企業で働いていたり，あるいは企業の研究をしたりする人たちに，経営戦略論と情報システム論の知見を踏まえ，ICT を活かした企業経営を考えるための基礎を提供します。

　企業の目的は複数ありますが，そのひとつは良い製品やサービスを提供し，利用者の満足を実現することです。この目的を果たすためには，どのような利用者を対象にし，彼／彼女らが何を望んでいるかを把握する必要があります。把握したニーズや欲求に応える製品，もしくはサービスを開発して多くの利用者に提供可能な状態を作り出すことも求められます。最終的には，実際に製品やサービスを利用者に届けなくてはなりません。こうした対象顧客の設定と，彼／彼女らに製品やサービスを提供するための活動を計画することは，経営戦略論の中で研究されてきました。

　さらに，現在では ICT，すなわち，コンピュータをはじめとする機器とソフトウェア，これらを接続する通信網を使うことで，こうした活動を効率よく，効果的に実行できるようになっています。企業が他の企業と競争していることを考えれば，競争に打ち勝つために ICT を使い，利用者のニーズに合った製品やサービスを提供することは必須であるといっても良いでしょう。したがって，経営戦略論で明らかにされた望ましい企業活動を実行するために，現代の企業は ICT の力も活かす必要があるのです。

　このような企業の目的と，ICT の役割を考え合わせれば，企業で働いたり，企業を研究したりする人には，経営戦略論と ICT に関する情報システム論の両方の知識が必要だといえます。これらの知識は別々に習得するよりも，2つの領域の知識が組み合わされた形で学ぶことが望ましいでしょう。すなわち，「企業が目標を設定してそれを実現する道筋を考える（経営戦略を立案する）ときにいかに ICT を利用するのか」といった思考や，「ICT を利用することで企

i

業がどのような新しい価値を提供できるのか」といった問いかけを促す説明や，それにかなう事例を読むことで基礎を身につけることが望ましいでしょう。そこで，本書は両分野の知識を融合した形で提供し，これから企業にかかわる読者のみなさんに経営情報論の基本的な知識と論理を提供することを目指しました。

　ただし，本書を手に取って読み始めるためには，前提となる知識はそれほど必要ありません。経営学を初めて学ぶ人でも，第**2**章などを読むことで経営戦略の基礎を身につけることができます。あるいは，ICT に関する知識が乏しくても，第**5**章や第**6**章などを読み進めることで，情報システムとその利用，その開発に関する概要を理解することができます。したがって，本書は経営学部や商学部，経済学部や工学部，あるいはビジネススクールなどに入学して，これから経営情報論を学ぼうとする学生のみなさんであれば本書を読み進めることができます。また，より進んだ講義や研究に触れる前に基礎を固めるために読み進めることもできるでしょう。

　こうした読者を想定し，また，日々の講義や演習での経験を活かし，われわれ3人は3つの事柄を大事にしました。それは，本書の読者が自分で理論の言葉を使って現実を説明し，現実に起こったことから自分なりの説明を組み立てられるようになるための工夫です。

　第1に，基礎と呼べる知識や論理の紹介を中心にすることです。本書の背景にある2つの分野のうち，とくに情報システム論では，対象となる ICT が急速に発展し，変化しています。そうした新しい動きを知ることにも一定の意味はありますが，次々に登場する新しい技術や，それを活かした ICT のサービスなどに目を奪われていては，企業経営を理解するときに焦点を当てるべき事柄がわかりにくくなってしまいます。そこでわれわれは，経営戦略論と情報システム論の中でこれまでによく使われ，いまでも通用する言葉や事実の捉え方を中心に取り上げることにしました。

　第2に，紹介した知識や論理を，いま現在起きている事象と結びつけて示すことにしました。学問的に確からしくても，それがいま，身近で起きている企業の活動や変化とどのように対応しているのかがわからないことがあります。そうなってしまっては，本書から得た知識を現実に応用し，現実を変えるため

の手立てや道筋を考えることは難しいでしょう。また，現実の新しい動きを捉え，それを自分なりに説明してみることも難しいでしょう。そこで，知識や理論が，現実の動向とつながりやすくなるように，理論の言葉を具体的な事実と結びつけて説明しました。

　第3に，基本的な知識を身につけ，理論と現実の間を自由に行き来できるようになった読者のみなさんが，本書の内容を自分なりに発展させられるような説明を目指しました。ICTはこれからさらに発展していくでしょうし，企業を含む社会も変化します。過去と現在を理解するだけでは不十分であり，確からしい知識を応用して新しい状況を理解し，構想することが求められます。さらにいえば，経営戦略論も，情報システム論も，まだ理論化できていない現実があるので，いまの知識を活かして，新しい知識を作り出し，未知の現象を学問的な知に繰り入れていく必要があります。だからこそ，本書ではすべてを説明しきるのではなく，学問の力で確実に説明できることと説明できないことをしっかりと分け，説明できないことは今後の研究や経営の実践で補う必要があることを明示しました。そうした未知の現象に研究や実践で取り組むのは，本書で学んだみなさんであると著者たちは思っています。

　このように，経営戦略論と情報システム論の基礎を融合した形で示し，現実への応用可能性と，将来の発展可能性を大事にして，われわれは本書を仕上げました。本書は12の章で構成されていますので，半期（2単位）の講義であれば1週間に1章のペースで習得し，2〜3回のグループワークやケース・ディスカッションと組み合わせれば経営情報論の基礎を学ぶことができるでしょう。もしくは比較的ベーシックな内容をカバーした第8章までを8回から10回程度で習得し，先生や学生さんの興味に応じた他のより進んだ内容のテキストと組み合わせることも可能でしょう。たとえば，データ分析や統計学のテキストと組み合わせることで，ICT利用が効果を発揮するデータに基づく企業経営の具体的な姿を理解する講義にもできるでしょう。

　また，本書はテキストとして第1章から読み進めることで，経営情報論に関する知識を体系的に身につけられるようになっていますが，時間が限られている社会人のみなさんや，他の講義を受講しながら読み進める学部学生のみなさんは，興味のある章だけを読めるように1つひとつの章を独立した読み物と

はしがき　●　iii

して執筆しています。どのような形であれ，読者のみなさんが本書をベースにして，企業経営とICT利用の関係，すなわち経営情報論を自分なりに発展させていくことを願っています。

　本書の上梓にあたっては，数多くの方にお世話になりました。

　まず，明治大学経営学部の新宅純二郎先生は，東京大学大学院経済学研究科・経済学部の教授でいらっしゃった間に高井と生稲の研究を指導してくださり，同研究科・経済学部で講義「ICTマネジメント1」と「ICTマネジメント2」を担当する機会を与えてくださいました。この2つの講義が本書の内容の礎になっています。ここに深くお礼を申し上げます。また，生稲の指導教官である藤本隆宏先生，高井と生稲に研究の助言を与え続けてくださった高橋伸夫先生にも心からのお礼を申し上げます。

　くわえて，本書の内容は，3人の著者がそれぞれの大学・大学院で担当する講義の内容が反映されることで充実しました。高井が所属する横浜国立大学大学院国際社会科学研究院，野中が所属する東洋大学経営学部，生稲が所属する中央大学ビジネススクールの先生方と学生のみなさんにもお礼を申し上げます。3大学の先生方との意見交換や，学生さんからの講義へのフィードバックを踏まえることで，現実の企業経営においてICT利用がいかに進められ，それに働く人がどのように関わっていくのかを考えることができ，その結果を本書に反映させることができました。また，本書の刊行の4年前に『コア・テキスト経営情報論』を執筆したことで，高井と生稲は本書の内容を精査することができました。同書の刊行に尽力してくださった新世社編集部の御園生晴彦氏にも感謝申し上げます。

　さらに，有斐閣書籍編集第二部の藤田裕子氏には，たいへんお世話になりました。本書の執筆は10年ほど前に始まりました。しかし，ICTが技術として，社会での利用において大きく変わる現代にあって，取り上げるべきテーマや論点を変えざるをえませんでした。そのため，途中で構成や執筆内容を変更し，原稿をまとめるまでに非常に長い時間がかかってしまいました。にもかかわらず，藤田氏は手厚く，丁寧なサポートをしてくださり，辛抱強く著者たちを見守ってくださいました。藤田氏のおかげで本書を書き上げられたと思います。

著者一同，心からのお礼を申し上げます。

2025 年 2 月

生 稲 史 彦

高 井 文 子

野 中　誠

著者紹介 （執筆順）

生稲 史彦（いくいね・ふみひこ）　　　　第 **1, 6**（共同執筆），**8**（共同執筆），**11, 12** 章
東京大学大学院経済学研究科博士課程修了，博士（経済学）（東京大学）
現在，中央大学大学院戦略経営研究科（ビジネススクール）教授

主要著作

『開発生産性のディレンマ：デジタル化時代のイノベーション・パターン』有斐閣，
2012 年（2013 年度第 29 回組織学会高宮賞〔著書部門〕受賞），*Industrial Competitiveness
and Design Evolution*, Springer, 2018（藤本隆宏と共編著）. *The Efficiency and Creativity of
Product Development: Lessons from the Game Software Industry in Japan*, Springer, 2022.

高井 文子（たかい・あやこ）　　　　　　第 **2, 3, 4, 5**（共同執筆），**7, 9, 10** 章
東京大学大学院経済学研究科博士課程修了，博士（経済学）（東京大学）
現在，横浜国立大学大学院国際社会科学研究院・経営学部教授

主要著作

『インターネットビジネスの競争戦略：オンライン証券の独自性の構築メカニズムと模
倣の二面性』有斐閣，2018 年（2018 年度日本経営学会賞〔著書部門〕受賞）。「模倣・追
随の二面性：日本のオンライン証券市場黎明期における企業間競争の実証的分析」『組
織科学』51（1），2017 年，46-57 頁。「『支配的な通念』による競争と企業間相違形成：
オンライン証券業界の事例」『日本経営学会誌』16，2006 年，80-94 頁（2006 年度日本経
営学会賞〔論文部門〕受賞）。

野中 誠（のなか・まこと）　　　　第 **5**（共同執筆），**6**（共同執筆），**8**（共同執筆）章
早稲田大学大学院理工学研究科博士後期課程修了，修士（工学）（早稲田大学）
現在，東洋大学経営学部教授

主要著作

『データ指向のソフトウェア品質マネジメント：メトリクス分析による「事実にもとづ
く管理」の実践』日科技連，2012 年（共著，2013 年度日経品質管理文献賞受賞）。「CMMI
成熟度レベル別に見たソフトウェア品質の良否にかかわる要因の複合的分析」『SEC
journal』13（1），2017 年，8-15 頁（共著，2017 年度 SEC Journal 論文賞所長賞受賞）。

目　次

CHAPTER 1

情報通信技術によって企業経営をどのように変えるのか　1
経営情報論を学ぶ意義

1　経営情報論を学ぶ意義 ……………………………………… 2

2　経営と情報システムの関係 ……………………………… 4

　企業経営上のニーズとシーズ（4）　企業の意思決定に与える影響（6）

3　情報システムの位置づけ ………………………………… 6

　費用対効果（7）　ICT の利活用による成果と戦略的意味（7）

4　現代とこれからの情報システム ………………………… 9

5　本書の狙い，本書の構成 ………………………………… 11

　本書の狙い（11）　経営情報論の基礎的知識（12）　ICT の戦略的活用（14）　将来につなげる学び（16）

CHAPTER 2

どのような脅威にさらされているのか　19
業界の構造分析と競争優位

1　競争戦略の 2 つの視点 …………………………………… 20

2　5 つの競争要因モデル …………………………………… 21

　基本的な考え方（21）

3　「5 つの競争要因モデル」の意義 ……………………… 28

　5 つの競争要因モデルの使い方（28）　証券業界の分析に見る業界構造の変化（29）　5 つの競争要因モデルと ICT（32）　ポーター自身による議論（34）

vii

CHAPTER 3　なぜ同じ業界で成果が異なるのか　37
経営資源と能力

1　資源・能力アプローチ ………………………………… 38

2　企業と企業間のバリューチェーン（価値連鎖）………… 39
　ICT の進歩と業務活動（40）　　技術進歩と業務分担（41）

3　競争優位につながる資源・能力 ………………………… 42
　VRIO フレームワーク（42）　　コアコンピタンスと VRIO（45）　　松井証券の VRIO 分析（46）

4　複数企業が協力して得る競争優位 ……………………… 48
　事業システムとは（48）　　デルの事業システム（48）　　バンドリングとアンバンドリング（49）　　製造業の事例（50）　　非製造業の事例（51）　　アンバンドリングのメリットとデメリット（52）

CHAPTER 4　どのように ICT は企業の可能性を広げるのか　55
ビジネスと情報システム

1　情報システムとは何か ………………………………… 56
　データ・情報・知識（56）　　情報システムとは（57）　　企業と情報システム（58）

2　情報システムの基本 …………………………………… 59
　企業の中の業務と情報システム（59）　　基幹系システムと情報系システム（59）　　さまざまな情報システム（60）　　情報システムとの向き合い方，学び方（61）

3　ビジネスと情報システム導入 ………………………… 62
　経営情報システムの発展の歴史（62）　　DX（デジタルトランスフォーメーション）とは何か（65）　　2025 年の崖に立ち向かう（66）

4　情報化が経済に与える影響 …………………………… 67
　「産業の情報化」と「情報の産業化」（67）　　2 つの情報化：

日本と米中との比較（68）

情報システムをいかに開発するのか　　71
基本的な開発プロセス

1 情報システムおよびソフトウェアの主な開発プロセス　72

ウォーターフォールモデル（73）　　ウォーターフォールモデルのメリットとデメリット（78）

2 ソフトウェア開発の難しさ ………………………………… 79

複雑性：ソフトウェアの要素と関係性（79）　　不可視性（81）　　物理的制約のなさ（81）　　変更のしやすさ（82）　　要求を言語化することの難しさ，コミュニケーションロス（82）

3 アジャイル開発 ……………………………………………… 82

アジャイル開発とは何か（82）　　アジャイル開発のメリットとデメリット（84）　　アジャイル開発の具体的な姿（85）

情報システムを構築する新しい手法はどのようなものか　89
現代の情報システム開発

1 テスト（Testing）の必要性と継続性 ……………………… 90

2 ウォーターフォールモデル，V字モデル，W字モデル
 ……………………………………………………………………… 91

ウォーターフォールモデル（91）　　V字モデル（92）　　W字モデル（92）

3 継続的インテグレーション，継続的デリバリー，DevOps
 ……………………………………………………………………… 94

継続的インテグレーション（CI）（94）　　継続的デリバリー（CD）（95）　　DevOps（Development & Operation）（97）　　現在のシステム開発（98）

4 技術的負債（technical debt）とその帰結 ……………… 99

目　次　● ix

CHAPTER 7 新技術によってビジネスはどう変わるのか　　105
データと AI，それらが生む課題

1 ビッグデータ …………………………………… 106
ビッグデータとは（106）　　ビッグデータの種類（107）

2 ビッグデータの活用 …………………………… 107
ビッグデータの収集（108）　　ビッグデータの抽出（109）
ビッグデータの分析（109）　　ビッグデータの活用（111）

3 人工知能（AI）………………………………… 112
人工知能（AI）とは（112）　　ディープラーニングとビジネス（113）　　生成 AI の急速な進化（114）

4 IoT（Internet of Things）…………………… 115
IoT とは（115）　　IoT のビジネスへの展開（116）　　IoT の課題（117）

5 新しい技術とビジネスの共通課題 …………… 117
個人のプライバシーの課題（117）　　データの保護規制（118）　　データの基盤作り（119）　　人材不足の問題（120）

CHAPTER 8 どのように情報システムを使いこなすのか　　123
経営資源としての情報システムと組織能力

1 企業の競争優位の源泉としての経営資源と組織能力
……………………………………………………… 124
競争優位の源泉としての経営資源，組織能力（124）　　資源・能力アプローチ（124）　　戦略，戦術，オペレーション，振る舞い・行為（126）　　戦略に基づく企業行動の中身（127）　　企業の独自性の形成（129）

2 情報システムと競争優位：人的機構と機械的機構の相互作用 ……………………………………………… 131
情報システムによって可能になったこと（131）　　情報システムの模倣困難性（132）　　経営情報システムと競争優位

x ● 目　次

（133）

CHAPTER 9　どのように顧客の欲求を満たすのか　　137
ICT マーケティング

1　マーケティングとは ………………………… 138

マーケティングの重要性（138）　セグメンテーションとターゲティング（138）　スタディサプリで考えるセグメンテーションとターゲティング（139）　マーケティング 1.0 から 5.0 へ（141）　Z 世代とインフルエンサー・マーケティング（143）　「ステマ」という問題とその対応（144）

2　インターネットと広告 ………………………… 145

日本の広告費の推移（145）　インターネット広告の種類（146）　インターネット広告の効果（147）　クロスメディアとメディアミックス（148）

3　インターネットビジネスのマーケティング戦略 ……… 149

重要なターゲットは誰か？：ロジャーズの普及理論（150）　キャズムという大きな溝（151）　トルネードによるゼロサムゲーム（152）　メルカリの事例で見るキャズムとトルネード（153）

CHAPTER 10　どのようにチャンスをものにするのか　　157
イノベーションマネジメントと企業経営

1　イノベーションと企業経営 ………………… 158

2　大企業が負けるという現象 ………………… 159

3　能力破壊型イノベーションと大企業 ……… 160

能力破壊型イノベーションの事例：アマゾン・ドットコム（161）

4　分断的イノベーションとは ………………… 163

イノベーターのジレンマ（164）　分断的イノベーションの

目次　xi

事例：携帯電話業界（165）　なぜ分断的イノベーションは
破壊的インパクトを持つのか（167）

5　ICTとオープンイノベーション 168

CHAPTER 11
どのようにICTの特性を活かしてビジネスを組み立てるのか　173
プラットフォームという考え方

1　プラットフォームビジネス 174
プラットフォームとは（174）　市場の二面性（174）　プ
ラットフォームビジネスの利点（177）

2　プラットフォームビジネスの経営戦略 179
二面市場戦略（179）　ICT化がもたらす「柔軟なビジネス
モデル」（181）　データの重要性（183）

3　プラットフォームビジネスのこれから 184
プラットフォームビジネスの課題（184）

CHAPTER 12
どのようにユーザとともにビジネスを魅力的にするのか　189
コンテンツのビジネス

1　コンテンツのデジタル化 190

2　コンテンツビジネスのビジネスモデル：収益モデルの再検討
.... 191
ネットコンテンツのビジネスが直面した課題（191）　コン
テンツ自体での収益化：有料化の「壁」と消費者心理（193）
フリーミアムモデルとデータ駆動型マネジメント（195）

3　ユーザの役割 197
Web2.0の提唱（197）　ユーザによるイノベーション
（198）　ユーザが作る組織（201）

xii ● 目　次

参考文献 ———————————————————————— 205

索引（事項，人名，企業・組織名）—————————————— 211

Ｃｏｌｕｍｎ ● コラム一覧

❶ ３つのアンバンドリング ···································· 53
❷ ステークホルダー ··· 75
❸ アーキテクチャ ··· 77
❹ ロングテール ··· 162
❺ CVC（コーポレートベンチャーキャピタル）··············· 170
❻ 無料（free）モデル ·· 178
❼ インターネットを使ったコンテンツの共有，問題化 ·········· 192
❽ Web3.0 ··· 199
❾ オープンソースソフトウェア ······························ 200

CHAPTER

第 1 章

情報通信技術によって企業経営をどのように変えるのか

経営情報論を学ぶ意義

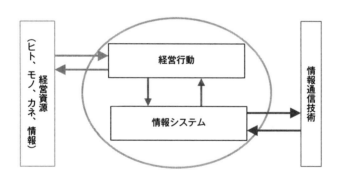

　本書では，情報通信技術（ICT）の利活用と企業経営の関係を学ぶ。経営情報論を学ぶことで私たちは何がわかるのだろうか。それはなぜ学ぶ必要があるのだろうか。企業の中で使われる情報システムの過去と現在を概観しながら，経営情報論を学ぶことで得られる知識や視点を知ろう。経営情報論を学び，その視点で考えることで，ICT 分野の新しい動きを自分なりに捉え，それへの対応を考える力を身につけられるだろう。

```
KEYWORD
企業経営　　意思決定　　情報システム　　インターネット　　データ
```

1 経営情報論を学ぶ意義

　情報通信技術（ICT）は，現代の私たちの生活に広く，深く，浸透している。私たちはパソコンやスマートフォンなどの機器を毎日のように使うし，インターネットに接続してさまざまなサービスを利用する。もはや，ICTを使わない日常が考えられないほどに，生活にICTは溶け込んでいる。

　日常生活と同じか，それ以上に，企業がビジネスを進めるうえでICTは欠かせない。工場で装置を管理したり，書類を作成して共有したり，経営上の判断を下すための判断材料を得たりするときに，ICTを活用したハードウェアやソフトウェア，またサービスを使っている。企業の中でICTが利用され，企業活動をICTが支える場面をあげていったら，キリがないほどにである。

　しかしながら，ICTが私たちの日常生活や企業経営の中で，これほど広く使われ，重要な役割を果たすようになったのは，比較的新しい現象である。ICTを企業経営に活かそうとする試みは1940年代に始まったが，それは半世紀余り，社会の中の特定の企業に影響を与えただけであった。たとえば，IBMを代表とする情報通信分野の企業が自らの製品やサービスを実現するためにICTを活用した。また，一部の先進的な企業が，情報通信分野の企業が提供する製品やサービスを使って業務の効率化や変化を目指していた。ICTを活用した製品やサービスが高価だったり，使い勝手が悪かったり，あるいはそれらを使わなくても業務が進められたので，すべての企業がICTを企業経営の中で活用する状況にはなかったのである。そのうえ，先進的な企業がICTを使うとしても，それは企業全体に及ぶというより，特定の業務や部署が対象となることが多かった。

　ICTを利用する企業は増えていき，また経営の中でICTを利用する局面も徐々に広がってきた。とくに，ICTの技術が発展し，ハードウェアとソフト

2 ● CHAPTER 1　情報通信技術によって企業経営をどのように変えるのか

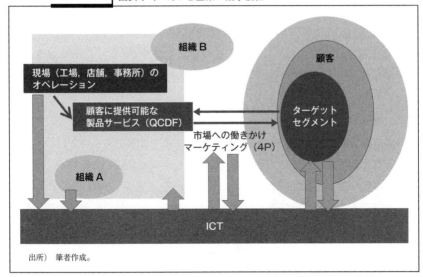

図表1-1 ICTと企業の競争優位

出所）筆者作成。

ウェアが小型になり（ダウンサイジング），価格が安くなり，さらに高性能になって使い勝手が良くなったことが，その利用の拡大を後押しした。そして，インターネットが利用されるようになると，企業を経営するときにICTを利用することが活発になった。インターネットを通じて製品を販売したり，サービスを提供したりするためには，ICTをベースにしたシステム（情報システム）が不可欠であるから，インターネットの普及は，企業のICT利用を大きく変えたといえる。

　いまや，ICTを活用して製品やサービスを提供しているのは一部の企業でなく，社会の大半の企業がICTを業務に利用している。同時に，企業を経営し，企業の中で実務を行うときにインターネットや情報システム，スマートフォンやパソコンなどの情報機器を使うことはもはや当たり前になっている。かつては，人がやらざるを得なかったり，人がやることが当然と見なされていたりした業務が，情報システムを利用することで，人手を介さずに行われることも増えている。ICTをうまく使いこなすことは，一部の企業や一部の業務に携わる人達の課題ではなく，ほとんどの人と企業にとっての課題になった（図表1-1）。

　さらに，ICTの技術開発はいまなお活発に行われ，日々，新しい技術や製品，サービスが登場している。しかも，技術と製品，サービスの開発はこれからも

続くと考えられている。企業も，そこで働く人びとも，新しい技術に追いついて，それを使いこなす方法を，日々考える必要がある。

　経営情報論は，まさに，このICTを企業経営の中で使いこなす方法を考える学問領域である。ICTをベースにしたシステムやサービスが企業経営の実務，日々の仕事の中に浸透し，社会の中の大多数の企業と人々がICTを使いこなすことを求められている。だからこそ，そもそも企業経営とICTはどのような関係にあるのかを知り，ICTを使いこなすことで企業経営をいかにより良くできるのかを考え，ICTをより良く使うために企業の戦略や組織をいかに変えていくのかを考える必要がある。こうした問いを設定し，それに一定の答えを与え，課題を考え抜く領域が，経営情報論である。ICT分野の変化が及ぼす影響の広さ，すなわち，企業で働く多くの人が影響を受けることからも，経営情報論は現代の私たちにとって重要な領域になっている。

 ## 経営と情報システムの関係

企業経営上のニーズとシーズ

　企業経営とICTの関係を考え，企業経営の中でICTをより良く使いこなすにはどうしたらよいかという問いは，1940年代に企業がコンピュータを使うようになってから，常に議論されてきた。コンピュータなどのハードウェアやソフトウェアを導入する費用は決して安くないし，それを使っていくと，通信費や保守運用のコストがかかる。さらに，技術者やデータサイエンティストなど，ICTに関わる専門の人材を雇う人件費もかかる。企業の経営者がこれらの費用を負担したのであれば，それを使いこなして売上げをより大きくし，費用を上回る利益を得たいと考えるのは自然だろう。

　1940年代以降，それぞれの時代にさまざまな問題が議論されてきたが，大きくいえば，それは，企業を経営する中で何かを変えたいというニーズと，ICTでできること（シーズ）の間で問いが立てられ，そのときどきの解決策が見出され，ICTを利用したシステムや製品，サービスとして実現されてきたといえる（図表1-2）。

CHART 図表1-2 情報システムと経営の関係

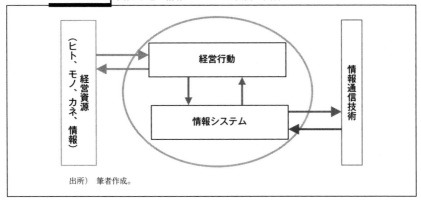

出所）筆者作成。

　たとえば，企業を経営するときに，おカネの出入りを管理したいというニーズがある。企業経営は，おカネを払って何かを手に入れ，それを製品やサービスに変換して提供し，おカネを得ることが基本だからである。このときに，おカネの管理というニーズに対して，レジスターからPOS（Point of Sales）レジ，経費精算や資金管理のシステムなど，さまざまなICTのツールが作られ，利用されてきた。現在の複雑で，多機能なおカネを管理する情報システムは，その延長線上にある。おカネをきちんと管理したいという企業経営のニーズに対し，そのときどきのICTのシーズで実現可能な製品やサービス，システムが回答として与えられてきた。そして，ICTの技術発展とともに製品サービスやシステムが高度化し，現在に至っている。

　もちろん，こうした企業経営上のニーズと，ICTが提供するシーズが折り合うところで，各種の製品サービスやシステムが作られ，利用されてきたことは，おカネの管理に限られるわけではない。部品や製品の在庫，企業の中の目に見えないノウハウや知識，さらには人材も管理の対象にしてきた。ICTの技術発展とともに，情報システムが扱う経営に必要な要素（経営資源）が広がり，その管理と活用の方法も高度化してきた。かつてはうまく扱えなかったデータやノウハウ，知識も，現在の情報システムを使えば，ある程度管理と活用ができるようになったし，その管理活用も以前とは比べものにならないほど巧みになっている。おカネやモノをきちんと管理したい，人材を活かしたい，過去の経験やノウハウを活かしたいといった経営上のニーズが根本的には変わらないとし

ても，ICT の技術発展に伴って，そうしたニーズを解決する情報システムが多機能で高度になってきたともいえるだろう。現在，一見とても複雑に見える企業の情報システムも，企業経営の本質的で素朴な要請に応え，技術的に可能な事柄を実現してきた結果としてできたものと見ることができるだろう。

企業の意思決定に与える影響

　このような企業の現場の実務（オペレーション）に根ざした情報システムの発展に加え，企業経営と情報システムの関係を考えるうえで忘れてはならないことが，企業の意思決定に情報システムが与えた影響である。企業の中では多くの意思決定が日々行われている。企業とその組織を意思決定の塊と見ることもできる。企業では工場の生産量を決めたり，物品の発注量を決めたり，製品やサービスの価格を決めたりするなど，多くのさまざまな意思決定が行われる。それ以外にも，企業の経営者の戦略的意思決定，たとえば，投資や資金調達の判断，新しい事業の立案と実行に関する判断，事業の買収と売却の判断など，企業全体に大きな影響を及ぼす意思決定もある。そして，オペレーションレベルの意思決定であっても，戦略的意思決定であっても，現在では，勘と経験で意思決定を行うよりも，データとそれに基づく予測を踏まえて意思決定を行う方が良いと考えられている。そうした意思決定のためのデータを集めて利用可能にし，より良い意思決定に役立つ予測などを提供するためにも，情報システムは必要とされている。企業の意思決定を支える情報システムも，かつては技術的な制約もあって不十分な結果しか得られないこともあったが，現在では，いわゆるビッグデータや BI（Business Intelligence），さらには AI（Artificial Intelligence）を活用することで，人の意思決定を助け，あるいは肩代わりすることに期待が寄せられている。この面においても，ICT と情報システムは，企業経営の中に深く浸透し，日々の経営を行ううえで不可欠になってきている。

③ 情報システムの位置づけ

　しかしながら，企業経営の中で ICT あるいは情報システムが役立つ，「使え

る」という認識は，利用開始の当初から確固としてあったわけではない。情報システムが企業経営の中で使えるか否かは，主に2つの観点で議論が交わされてきた。

費用対効果

　そのひとつは，費用に対する効果，つまり費用対効果の観点である。情報システムの導入や利用，保守には，相応の費用（投資）が掛かる。その費用が，得られる効果，たとえば，効率的な業務遂行（生産性向上）よりも大きいのであれば，企業の収益に与える影響はマイナスとなり，情報システムを含むICTは企業経営おいて「役立たない」といわれてしまう。100人の人員で処理していた業務を，1人の人員と情報システムで実現できたとしても，情報システムに費やすコストが99人分の人件費よりも高いのであれば，その情報システムを取り入れた収益面でのメリットはないと見なされる。

　企業が情報システムを導入して利用することが，本当に費用対効果の観点で有効なのかという問い，すなわちICT投資の費用対効果の測定は，1980年代以降，「IT生産性パラドクス（IT productivity paradox）」の問題として議論されてきた（総務省，2019）。経済学や経営学，情報システム論の分野で生産性パラドクスに関する実証研究を蓄積してきたが，情報システムの導入が企業にメリットをもたらす／もたらさないに関して確たる答えを出しているとは言い難い。その背景には，ICT投資の効果を測る指標の問題や，ICT投資の効果が現れるまでの時間差（タイムラグ）の問題などを想定する研究がある。上記の例に則していえば，100人の人員で処理していた業務の結果と，1人の人員と情報システムで処理する業務の結果が必ずしも同じとはいえないし，業務の結果は時間とともに変わっていくことも考えられるので，ICT投資の費用対効果の測定は難しいのである。

ICT の利活用による成果と戦略的意味

　もうひとつICT投資の費用対効果以外の観点は，ICTを利用したり，情報システムを導入したりすることで，どのような成果が得られるのか，それが企業の競争優位の確立や，他社との差別化につながるのか，という観点である。

たとえ費用対効果が悪くても，情報システムを導入し，活用することで，それまでは自社で実現できなかった業務を遂行できたり，他社が追随できないような製品やサービスの提供が可能になったりするならば，情報システムは企業経営において「役立つ」といえるだろう。

この観点から企業の ICT 利活用を振り返ると，ICT をベースにした情報システムは多くの場合，企業経営の中で役立ってきたし，少なくとも役立つ方法を模索しながら現在に至っているといえる。

企業の中でどのような情報システムが使われてきたのかは，第 4 章で詳しく見ていくが，大まかに述べれば，それは業務の自動化から始まった。会計など，人手による書類を使う業務を，コンピュータを使う業務に置き換えることで，それに関わる人員を減らすだけではなく，ミスを減らすことが目指された。業務に要する人が減ることで人件費が減るだけではなく，ミスのない数値の集計ができれば会計などの業務の質が上がり，企業経営に資すると考えられたのである。

その後，ICT が発展したことで，組織の中の管理業務の遂行や意思決定を支援するために情報システムが使われるようになった。管理者や経営者といった人の経験と勘に頼って管理をしたり，何かを決めたりするよりも，データに基づく合理的な判断をすれば，企業経営に資すると考えられたのである。ここにおいても，単純なコストと収益の観点では把握しきれない効果が，情報システムと ICT 利用に期待されていたといえる。

その後さらに ICT が発展し，情報システムで実現可能な事柄が増えると，企業の内部における効果だけではなく，企業の外部に向けて，顧客や取引先などに及ぼす影響を狙って情報システムが導入されることとなった。たとえば，柔軟で使いやすい予約受付のように情報システムを利活用するからこそできるサービスや，取引相手との迅速でムダのない受発注と，社内の在庫管理を結び付けてモノの流れを最適化する試みなどである。つまり，情報システムに支えられたサービスや業務の最適化によって，顧客に新しい価値を提供することができれば，他社との差別化が可能になると考えられた。そうした意図を持って導入し，活用されたことに着目すれば，1980 年代以降の情報システムは戦略的な役割を担ってきたともいえる（図表 1-3）。

CHART 図表1-3 1990年代までのICT利用の変遷

業務の自動化

人手に頼る作業を効率化
したい

コンピュータの商用利用
を先導したアメリカの事
務機器企業

意思決定支援

難しい意思決定をコンピ
ュータで効果的にしたい

管理層に浸透していくコ
ンピュータ活用

ビジネス・プロセス再設計

企業全体でICTを活用した
い

「リエンジニアリング革命」
など,全社的なICT利用

・概念提唱,問題点発見,次なる概念提唱の繰り返し
　・ヒトと,システム・ICTの境界線を模索する歴史
　　・ヒトとICTが連動するシステム

出所) 筆者作成。

　以上のような経緯を経て,企業経営の中でICTが使われる局面は増え,情報システムがさまざまな業務の中に浸透してきた。その結果,現在ではICTを抜きにして企業経営を行うことは難しくなった。もはや,ICTが使える／使えない,役立つ／役立たないという議論を超え,ICTを使うことを前提にして業務を組み立て,企業経営を行うようになり,導入したICTや情報システムをいかに使いこなすのかを考える時代になっている。費用対効果の観点も重要ではあるが,それだけに囚われず,ICTと情報システムを使いこなし,効果的で効率的な業務を遂行するためにはどのような取り組みが求められるのか,それが戦略的にいかなる意味を持つのかを,考えることが求められているのである。

4 現代とこれからの情報システム

　私たちは現在も,そして将来においても,企業や組織の中で働くときにICTを使うだろう。私たちが使うICTは過去70年にわたって変化を続けてきたし,変化は今後も続くだろう。ここ数年を見ても,ICTの世界ではハードウェアも

ソフトウェアも，その利用法も，次々に新しいものが登場している。ICT という技術が変われば，それを企業経営の中で活かす業務や利活用の方法，そのために求められる人材や組織の仕組みなどは変わる。実際，2023 年に登場した Stable Diffusion や ChatGPT などの生成 AI が，多くの人の関心を呼び，企業での利用の方法が議論されたのは，記憶に新しい。したがって，私たちが業務の中で，企業の中での ICT 利活用を考えるときには，新しい技術の登場を想定し，それがもたらす機会と脅威の両方を視野に入れて対応を考え，実行に移していく必要がある。たとえば，生成 AI などの登場は，一部の業務を情報システムによって自動化できる可能性をもたらす点において，働く私たちにとっては業務を失う脅威である。だが，生成 AI を活かすための新しい業務が生じる可能性がある点において，私たちの仕事を変え，能力を活かす機会にもなる。

　さらに，ICT を含む技術の変化は，多くの場合，後戻りができない，不可逆の変化である。たとえば，私たちがスマートフォンのない状況に戻ることはほぼできない。それゆえ，新しい登場する技術を使うことを前提に，業務や能力を変えていく必要がある。すなわち，新しい技術の登場に注意を払い，その技術をいかにすればより良く使えるのか，それが企業経営と私たちにどのような変化を促すのか，そのために，組織と個人の能力をいかに変えていくのかを考え続ける必要がある。

　ただし，新しい製品やサービス，それらを可能にする技術が創り出され続けていることもあり，ともすれば ICT の分野では技術先行の議論，技術に着目した議論になりがちである。過去を振り返っても，現在においても，時流に乗った言説が流布してきた。「新しい技術が出たから，ビジネスが劇的に変わる」といった類いの言説である。

　しかしながら，その場限りの議論に終始していては技術の変化に振り回されるだけだろう。新しい技術と状況を知って前向きに考えるだけではなく，変化することのない確かな視点に立脚し，より長い時間軸でも考えて本質的な変化を捉えていく必要がある。それは，ICT と企業経営の関係を原理原則のレベルで理解し，原理原則を応用する形で新しい現実の問題や可能性を考え，将来を構想することである。

　ここにおいて，確かな視点を提供するのが学問である。学問といっても，多

くの分野があり，それぞれが異なる現象を対象とし，異なる概念や論理を使って現実から原理原則を抽出している。学問の成果である理論はメガネに喩えられるが，異なる学問分野に立脚すれば，メガネを掛け替えるように，現実や実践から読み取れる論理も結論も異なる。逆にいえば，立脚する学問分野を変えることで，私たちはメガネを掛け替え，違った，しかし確固とした視点から現実を読み解くことができる。

　学問が提供するさまざまなメガネの中で，本書は主に情報システム論と経営学に依拠してICTと企業経営の関係を考えていく。情報システム論は，ICTの技術そのもの，その開発や活用について知的な蓄積があるので，ICTを理解し，ICTが企業経営の中で果たす役割を理解するために必要なメガネである。他方，経営学はいかにすれば企業を経営してより良い成果をもたらすのかという問いに答え続けてきた学問であるため，ICTを企業経営の中でより良く使いこなすための方法や論理を考える際に必要なメガネである。そして，どちらも一定の歴史を持った学問分野であるため，これらの知見に依拠すれば，過度に時流に流され，新しさに目を奪われることを避け，原理原則に遡ってICTと企業経営の関係を考える道筋を示してくる。

　新しい事象を捉えつつ，原理原則を意識しながら現状を分析する。変化が激しいICTの分野を対象にするからこそ，経営情報論ではこの2つの思考をし続けることが求められる。

⑤　本書の狙い，本書の構成

┃ 本書の狙い ┃

　ICTと企業経営の関係について，情報システム論と経営学の視点で原理原則に遡って理解するために，本書は12の章を用意した。これらの章を通じて，読者が基本的な言葉（概念）と考え方を習得し，自分なりに考えて現状を理解し，将来を構想できるようになることが，本書の狙いである。

⑤　本書の狙い，本書の構成　● 11

経営情報論の基礎的知識

　本書は大きく2つの部に分かれている。まず，第1章から第8章までと，そして，第9章から第12章までである。おおむね，第8章までは読者がICTと企業経営の関係を読み解くための知識を得る章で構成され，第9章以降は読者が将来を構想するために新しい動きやICTならではの現象を知る章で構成されている。

　本章では，経営情報論を学ぶのはなぜか，経営情報論をどのようなアプローチで学ぶのかを考えてきた。情報システム論と経営学に立脚しつつ，時流に流されることなく，原理原則に立ち戻りながら，目の前の新しい現象を理解することが大事であることを述べてきた。

　続く，第2章では，企業経営，とくにその基本的な方向性を決める戦略について紹介する。企業経営の基本的な方向性を決めるときには，実は自社だけを考えていては見落としがあり，自社を取り巻く環境を考える必要がある。言い換えれば，自社を取り巻く環境を十分に理解するからこそ，自社が何をすべきか，どの方向に進めば社会的に意義のある，良い企業経営ができるのかを考えられる。そうした企業経営の基本的な方向性の決め方を，マイケル・ポーターの5つの競争要因モデルを中心に理解しよう。

　そのうえで，第3章では，その環境（事業環境）の中で，自社がどのような活動をするのかを考え，決めるための枠組と論理を紹介する。経営学では，企業を経営資源（ヒト，モノ，カネ，情報）の集合体であると考え，経営資源を使いこなすことで自社独自の製品やサービスを社会に提供し，利益を獲得すると考える。このような資源・能力アプローチ（RBV：Resource-based View of the Firm）を知り，自社は何が得意なのか，その得意な事柄をいかに活かして利益に結び付けるのかを考えよう。

　これら2つの章で経営学，その一部の戦略に関する基礎を身につけた後，情報システム，とくに企業が活用する経営情報システムに目を転じる。第4章では，企業が経営のために活用する情報システムとはどのようなものか，経営情報システムにはどのようなタイプ（類型）があって使い分けられているのかを知ろう。加えて，経営情報システムが1940年代以降辿ってきた道筋を理解

し，近年の情報化や現在の DX（デジタルトランスフォーメーション）がその延長線上に位置づけられる変化であることも理解しよう。

　過去と現在の経営情報システムの働きを第**4**章で理解したあとで，第**5**章では経営情報システムがいかに作られるかを理解しよう。情報システムもまた人が作るもの（人工物）であり，情報システム論の分野では，それを作るための手法や課題解決の方法が議論されてきた。情報システムを作る（開発する，構築する）際に何が問題になるのか，それを避けるためにどのように開発活動を管理したり，開発活動に関わったりしていくことが望ましいのかを考えよう。このような知識を持つことは，たとえ経営情報システムを使うだけの立場であっても必要である。なぜなら，良い情報システムを作りあげるためには，使う人々がそのシステムによって何をしたいのかを明確にすることが重要であり，そうしたシステムによって実現したい事柄を明確にするためには，情報システムの開発についての一定の知識が必要だからである。

　第**6**章では，第**5**章で理解した情報システムの開発について，新しい動向を理解し，将来の情報システムの開発と活用を展望しよう。ICT の技術発展に伴って，情報システムを作る手法も変化している。とくに，利用者を巻き込み，とても速く情報システムを開発し，改良していく手法が重要である。なぜなら，経営情報システムを速く作り，迅速に改良を重ねることができれば，それを利用するビジネスもまた速く変えることができるからである。それは，変化の激しい時代に企業経営を進めるうえで大きな武器となる。加えて，経営情報システムは従業員や顧客が利用するものであるから，彼らが使いやすくなることを目指し，彼らの要望に答えて開発した方が，情報システムが使われる頻度が増し，製品やサービスを使ったときの満足度が増す。そこで，情報システムの利用者の要望を取り入れながら開発する手法と，その背後にある考え方を理解しよう。

　第**3**章と第**4**章で学んだ経営学の戦略論の基礎と，第**5**章と第**6**章で学んだ情報システム論の基礎を前提に，企業経営と情報システムの「つなぎめ」となるデータについて理解を深めるのが第**7**章である。データは，企業が製品やサービスを作り，顧客に提供する活動に伴って発生する。そのデータを取りまとめ，企業の経営に役立つ形に加工し，提供する役割を情報システムが担う。

§　本書の狙い，本書の構成　● 13

それゆえ，データに着目すると，企業経営と ICT のひとつの関係が見えてくる。さらに，現在の課題としても，企業が利用可能になった巨大な量のデータ（ビッグデータ）をいかに活かすのか，どのようなデータを生成 AI に与えて企業経営に活かすのかという問いも生じている。そこで，データはどのようなものか，データを企業経営に活かすためにはどのような取り組みが必要なのか，データと生成 AI を組み合わせることでどのような可能性が開けるのかを考えてみよう。

第 8 章では，いまいちど経営学，とくに資源・能力アプローチ（RBV）に立ち戻って，情報システムを含む ICT が企業経営にとってどのように役立つのかを考え，まとめる。資源・能力アプローチの観点に立てば，データも，経営情報システムも，資源である。資源であるということは，それを活かせば企業の独自性，すなわち，他社との違いを作り出して顧客が自社を選ぶ理由を打ち出すことができるが，活かせなければ企業の独自性を創り出せないことになる。そこで問われるのが資源を使いこなす力としての組織能力である。組織能力とは何か，とくに ICT に関連する組織能力である IT ケイパビリティとは何かを理解し，データや情報システムを自社の独自性や強みにつなげていく思考法を身につけよう。

ICT の戦略的活用

以上，8 つの章で，企業経営と ICT の基本的な関係を理解したあと，第 9 章以降ではそれを直近の重要なトピックに応用し，将来を構想するヒントを得よう。まず第 9 章では，ICT を活かしたマーケティングを取り上げる。ICT はデータや情報を伝達する道具であるので，効果的に使えば，製品やサービス，企業に関する情報を顧客に伝えられる。加えて，ICT，とくにインターネットは双方向のデータのやり取りを可能にするので，企業から顧客への一方通行の伝達だけではなく，顧客から企業への情報の伝達も活発に行うことができる。顧客から企業にデータや情報が伝われば，企業が顧客と市場に関する理解を深めることができる。実際，インターネットの登場後，マーケティングの手法と考え方は大きく変わってきた。第 9 章では，ICT を使った情報の伝達と双方向の情報の流れを理解し，ICT を活かすとどのようなマーケティングが可能にな

るかを考える。

つづいて，第 **10** 章では ICT とイノベーションの関係を考えていく。ICT の技術進歩は，マーケティングを変えただけではない。その影響はより広く企業経営全般に及び，さらには社会の変化にまで及ぶ。企業などを起点に，社会の中で新しい試みが行われ，その結果として新しいビジネスや新しい企業が登場し，私たちの新しいライフスタイルが生まれることを，イノベーションという。言い換えれば，ICT の発展は，経済と社会の変化であるイノベーションにも影響を及ぼしている。そこで，イノベーションとはどのような現象なのか，ICT 化とともに現れたイノベーションの形とはどのようなものかを知り，将来のイノベーションを構想するヒントを得よう。

マーケティングとイノベーションの変化とともに，ICT の技術進歩と普及が促した変化がある。それは，プラットフォームという考え方と，それを前提としたコンテンツビジネスの拡大である。第 **11** 章と第 **12** 章では，この 2 つを取り上げる。

ICT を利用したプラットフォームは，独特の論理とそれに裏打ちされた戦略を取る企業の出現を促した。プラットフォームという考え方に立つと，ICT によって複数の「市場」をつなげ，単一の市場ではなく全体で利益を最大化する発想で戦略を組み立てることが可能になる。その際に考える必要があるのは，どのような複数の市場をつなげるのか，どこで収益を上げるのかといった問いである。この問いを巧みに解いて大きな成功を収めたのがグーグルやフェイスブックなどの Big Tech（いわゆる GAFAM：Google, Amazon, Facebook, Apple, Microsoft など）であった。ただし，プラットフォームという考え方は，このような巨大企業ではなくても発想できるし，実現できる。プラットフォームビジネスを支える論理を理解し，それを自らのビジネスに応用するヒントを得よう。

最後の第 **12** 章では，プラットフォームなどの上で提供されるコンテンツ（動画，ゲーム，音楽，書籍など）のビジネスを取り上げる。ICT 化の進展に伴い，映画や音楽，書籍などのコンテンツがデジタルデータとなり，インターネットなどの経路を使って流通させられるようになった。コンテンツのデジタルデータ化とプラットフォームのビジネスの広がりが組み合わさった結果，コンテンツのビジネスは大きく変わり，とくにその収益獲得の方法を見直す必要が生じ

5 本書の狙い，本書の構成 ● **15**

た。かつてであれば，顧客にコンテンツを提供することと引き替えに料金を受け取っていたビジネスが，それ以外の，多様な方法で収益を上げることが可能になったのである。さらに，企業がコンテンツを提供し，「消費者」がコンテンツを楽しむだけではなく，消費者（ユーザ）がコンテンツを作ったり，変えたりすることでビジネスが成り立つ状況も生じた。そこで，企業はいかにユーザとともにコンテンツのビジネスを運営するのかを考えるようになっている。最終章では，コンテンツのビジネスを題材にして，ユーザとともにビジネスを組み立てる発想法を身につけ，将来を考えるヒントを得よう。

▍将来につなげる学び ▍

　ICT と企業経営の関係は 1940 年代に始まり，70 年近くの歴史を持つが，その関係は変化してきたし，その変化は今後も続く。おそらく，将来の企業経営の中で ICT を活かす方法は，いまとは異なる姿になっていくだろう。本書で提示する原理原則や事例，知識は，あくまで現時点のものであり，今後も有用だとは限らない。そうだとしても，現時点の知識を取りまとめ，それに基づいて考えれば，新しい変化に対応し，新しい変化を構想する可能性が高まる。経営情報論に関する学びを将来につなげるためにも，まずは，基礎的な知識と原理原則を身につけていこう。

EXERCISE

　過去 20 年の間に，企業の中での ICT 利用はどのように変わっただろうか。インターネット上の記事や書籍，雑誌を使って調べてみよう。

読書案内 ▍   Bookguide ●

ケイ，アラン・C.（1992）『アラン・ケイ』浜野保樹監修・鶴岡雄二訳，アスキー出版社。
　→コンピュータ（IT）の利用が個人の自由に委ねられる時代を予見した論考。
　　IT がもたらす社会の変化を前向きに展望している。
遠藤諭（2016）『新装版　計算機屋かく戦えり』アスキー出版局。

16 ● CHAPTER 1 情報通信技術によって企業経営をどのように変えるのか

→主に日本において，計算機からコンピュータへの技術発展がどのような人
の，どのような思いに支えられて進んだのかがわかるノンフィクション。
通読することで，コンピュータの仕組みを知ることもできる。

CHAPTER 第2章

どのような脅威にさらされているのか

業界の構造分析と競争優位

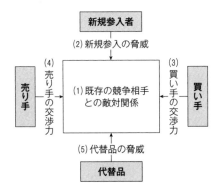

　ICTの進化は，企業の競争環境にさまざまな影響を与えており，その影響はますます大きくなると予想される。このような環境で成功するためには，経営戦略の本質を理解したうえで，戦略を策定し，実行することが必要である。

　過去の経営戦略論で培われた知見は今なお有効であり，たとえ新しい技術やサービスが登場しても戦略の基本的な考え方は変わらない。本章では，企業の外部要因に焦点を当てた競争戦略の考え方を見ていこう。

KEYWORD

競争戦略　ポジショニングアプローチ　５つの競争要因モデル　参入障壁　代替品

1 競争戦略の２つの視点

　企業は，創業者の達成したい夢があって生まれる。三木谷浩史は，「地方の小さな商店でも，コンピュータに強くなくても，誰でも簡単に店を開けるようにしたい」という思いから「楽天市場」を作った。また，山田進太郎は，スマートフォンの普及を見て，「消費者間のモノのやりとりは爆発的に増加する」と考え，「メルカリ」を立ち上げた。

　しかし，そうした夢は，決められたレールがあって，それに乗って自動的に実現できるわけではない。企業が成長するためには，「将来像に向かう道筋（加藤・青島, 2012）」としての戦略を策定し，確実に実行していくことが必要である。

　企業が直面する不確実性はますます高まっているが，なかでも ICT の急速な発展は，企業の競争に大きな影響を与えている。AI，ビッグデータ，IoT といった技術革新への対応だけではなく，サイバー攻撃やプライバシーへの対策といった新たな課題も増えている。このような環境では，企業はより柔軟で効果的な戦略を構築することが重要となってくる。

　競争戦略の考え方には，大きく分けて「企業の外部環境を重視する視点」と「企業の内部要因を重視する視点」の２つがある（図表2-1）。

　前者は，競争優位に立つための重要な要因を「企業の外」，すなわち外部環境に求める立場である。ポジショニングアプローチと呼ばれる。つまり，競争に勝つためにはなるべく都合の良い環境に身を置き，その環境を自社にとって有利になるようにコントロールすることが重要だと考える。この章では，マイケル・ポーターの「５つの競争要因モデル」を中心に取り上げて，この立場の考え方を見ていく。

　一方，後者の「企業の内部要因を重視する視点」では，競争優位に立つため

20 ● CHAPTER 2 どのような脅威にさらされているのか

CHART 図表 2-1 企業の外部環境と内部要因

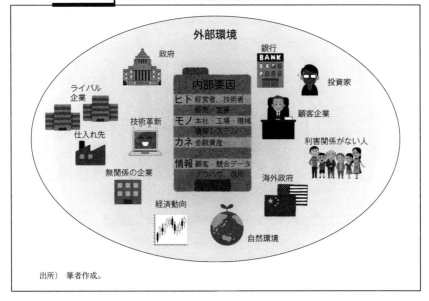

出所）筆者作成。

に重要な要因を主に「企業の内部」に求める。つまり,「成功するためには,企業内部に他社にはない優れた独自能力を構築することが重要だ」と考える。これについては,次の章で詳しく見ていく。

5つの競争要因モデル

基本的な考え方

　製造業,小売業,情報通信業など,企業はさまざまな業界に分類されるが,これらの業界が平均的に同じ利益をあげているかといえば,そうではない。
　たとえば,戦後の日本では造船業や鉄鋼業が高い成長率を示し,経済成長を牽引した。また繊維業もかつては高い利益率を誇り,日本の輸出産業の中心だった。これらの産業は,ある時期においては非常に儲かる業界だったのである。
　一方,近年では情報通信業がインターネットの普及によって生まれたさまざまなビジネスなどを牽引して,成長を続けている。また一方で,製造業はグローバル競争の激化や技術革新への対応の遅れなどから利益が伸び悩む傾向に

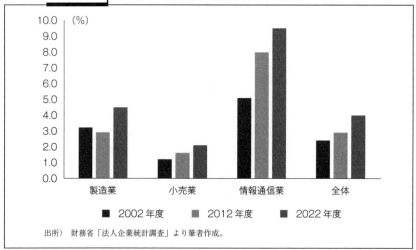

ある。小売業も長引く不景気やネット通販の台頭によって競争が激化し，利益をあげるのが難しい（図表2-2）。このように，時代や技術の変遷によって，常に相対的に儲かる業界とそうでない業界が存在しているのである。

ポーターの「5つの競争要因モデル」は，企業が属する業界全体に共通する構造を分析する枠組みとして1980年に発表された（Porter, 1980）。自社が属する業界は他の業界と比べてどのように位置づけられるのか，新規参入を検討するならどの業界がいいのか，といったことが客観的に，しかも比較的容易に分析できるので，今でもなお有益なツールとして評価されている。

このフレームワークは，業界の利益機会を圧迫する5つの脅威となる力を分析し，これらの脅威が大きければその業界の潜在的な利益機会は小さくなり（＝儲かりにくい），脅威が小さければ逆に潜在的な利益機会は大きくなる（＝儲かりやすい）と考え，それぞれの脅威について多角的・総合的に検討する。

その5つの脅威となる力とは，「①既存企業間の対抗度」，「②新規参入の脅威」，「③買い手の交渉力」，「④売り手の交渉力」，「⑤代替品の脅威」である（図表2-3）。

近年，多くの業界で，この5つの脅威に対してICTの進歩が大いに影響して，あっという間に業界全体の競争環境が変わることが起きているのである。

CHART 図表2-3　5つの競争要因モデル

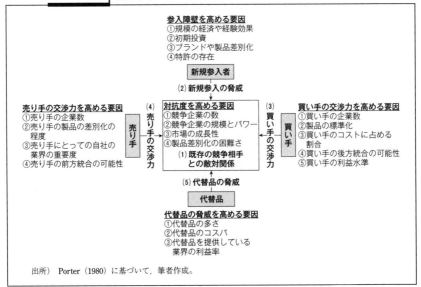

出所) Porter (1980) に基づいて，筆者作成。

(1) 既存の競争相手との敵対関係

まず問題となるのは，すでにその業界に参入している既存企業の間の競争の激しさである。これを「既存企業間の対抗度」という。対抗度が高いほど，激しい競争によって利益機会が小さくなる。たとえば，スマートフォン業界は激しい競争によって，熾烈なシェア争いが繰り広げられてきた。画面解像度やカメラなどの性能の向上が一般的な顧客の要求を満たすレベルに達して以降は，デザイン性の追求や使いやすさ，価格など競争の焦点も広がり，各企業は難しい選択を強いられている。

対抗度を高める要因　対抗度を高める要因としては，主として次の4つがあげられる。

第1に，「競争企業の数」である。競争業者の数が多いほど，一般に対抗度はあがる。10社がひしめき合っているような業界よりも，3社だけしか参入していない業界の方が対抗度は低くなるということだ。その最たる事例が「独占」である。

第2に，「競争企業の規模とパワー」である。競争企業の規模やパワーが拮抗している場合，対抗度は高まる。たとえば，業界のリーダーと定着した2番

手，3番手がいるような市場では，各企業が自社のポジションに合った戦略を取るため，競争はあまり激しくならない。しかし，同レベルの企業がひしめき合っている場合には，それぞれの企業が強い競争ポジションを築こうとするため，競争が激化する傾向となる。

第3に，「市場の成長性」も重要である。急成長している市場では，市場全体が拡大するため，企業は比較的容易に利益を得ることができる。しかし，成長が停滞している市場では，シェアを上げるためにはライバルから奪うしかなく，限られた顧客を巡って企業同士が激しく競争するために対抗度が高くなる。

第4に，「製品差別化の困難さ」も影響を与える。製品差別化が可能な業界では，企業は独自の価値を打ち出すことで競争を回避することができる。しかし，製品やサービスの差別化が難しい業界では，価格競争に頼るしかないため，対抗度が高まる。

(2) 新規参入の脅威

「新規参入の脅威」は，参入障壁の高さによって決まる。参入障壁とは，ある業界に参入する際に乗り越えなければならない障害のことであるが，中世のヨーロッパの都市城塞のように物理的な壁があるわけではなく，その壁とは「かかるコスト」や「規制」などである。参入障壁が低い業界では，新規参入者がすぐに現れるため，常にその存在を意識して競争しなければならない。

たとえば，参入障壁が低い状況では，新規参入者を阻止するために既存企業は価格を低く設定する必要がある。そのため，その業界全体の利益機会は小さくなってしまう。一方，参入障壁が高い業界では，新規参入者が少なくなるため，既存企業は高い利益を得られる。

このように，参入障壁の高さは業界の競争構造や利益機会に大きな影響を与える重要な要因である。

参入障壁を高める要因　　こうした参入障壁を高める要因としては，以下のものが考えられる。

第1に，「規模の経済」と「経験効果」とがある。規模の経済とは，事業の規模が大きくなるにつれて，単位当たりのコストが減少する現象のことである。また，経験効果とは，累積生産量が増えるごとに単位生産量当たりの総コストが減少する現象を指す。これらの効果が強く働く業界では，既存企業はこの働

きによるコストダウンの恩恵を大きく受けられるため，新規参入企業にとって競争は困難となる。

第2に，初期投資額の大きさがあげられる。半導体製造業などの装置産業は初期投資が非常に大きく，参入障壁が高くなる。

第3に，ブランドや製品差別化がある。既存企業が強力なブランドロイヤリティを築いている場合，参入障壁は高くなる。新規参入企業はこれに対抗するために積極的な広告宣伝を行う必要があるが，新たなブランドロイヤリティを構築できるかどうかは不確実であり，コストとリスクが大きくなる。

第4に，既存企業が特許などで制度的に保護された技術を持っている場合がある。参入企業は特許を回避する技術を開発するか，特許料を支払って使用しなければならず，これがコストを増加させ，参入障壁を高める。

第5に，政府の規制がある。参入に対して規制がある場合，参入障壁は高くなる。たとえば，銀行業，電力・ガスなどの公益事業や，携帯電話業界などの通信業界は，参入に許認可が必要である。

以上の要因により，参入障壁が高くなり，新規参入が困難となる業界が存在するのである。

(3) 買い手の交渉力

買い手の交渉力が強い場合，その業界の利益機会は小さくなる。つまり交渉力の「弱いお客」は潜在的な利益を大きくできる「良いお客」であり，スペックに細かい要求をしてきたり，価格について交渉してくるような「強いお客」は，利益という観点からは「良いお客」ではない。「お客様は神様」ではなく，交渉を通じて利益を奪い合う相手なのである。

買い手の交渉力を高める要因　　買い手の交渉力を高める要因として，以下の点があげられる。

第1に，買い手が特定少数の企業に集中している場合である。この点において，半導体製造装置業界は買い手の強い交渉力にさらされている。半導体製造装置の買い手は半導体メーカーに限られ，その集中度は非常に高い。たとえば，エヌビディア（NVIDIA）などの半導体メーカーやファウンドリ企業は強い交渉力を行使し，価格を下げさせたり，納期を早めさせたりすることができる。

第2に，製品差別化が困難で，製品が標準化されている場合である。製品が

標準化されていれば、買い手にとって、スイッチングコストはきわめて小さくなる。たとえば、電池やフラッシュメモリは多くの人が特定のメーカーにこだわりなく、容量や価格で購入を決める。このような場合、企業は買い手を自社製品につなぎとめるのが難しくなり、買い手の交渉力が高まる。

第3に、その業界の製品が買い手のコストの大部分を占める場合である。たとえば、PC業界では、SSD（Solid State Drive：フラッシュメモリを使用した記憶媒体）がコストに占める割合が大きい。もし買い手が自社製品のコスト削減をしようとするならば、ねじや配線コードよりも、SSDの価格交渉に全力を尽くすだろう。つまり、この場合、交渉力が高まると考えられる。

第4に、買い手が後方統合の戦略をとる可能性がある場合である。買い手が川上の業界の製品にまで乗り出してくると、業界は市場を失う可能性が高まる。たとえば、インテル（Intel）のCPUを買っていたアップル（Apple）が、自社でCPUを製造するからインテルから買わなくなる、といったケースである。このような脅威がある場合、買い手の厳しい要求を受け入れざるを得なくなる。

第5に、買い手の利益水準が低い場合である。利益が低い買い手は、なるべく安い製品を求めるため、交渉力が高まる。企業が儲かっているときはあまり価格交渉を行わなくても、自社の経営が厳しくなると価格交渉が厳しくなるものである。

以上のように、買い手の交渉力は多様な要因によって影響を受けるため、企業はこれらの要因を考慮した戦略を立てる必要がある。

(4) 売り手の交渉力

どの業界でも、製品やサービスをつくるために投入資源（機械や原材料、販売商品など）を提供する売り手を必要とする。売り手の交渉力の方が強ければ、それは業界にとって脅威になり、業界が確保できた利益が売り手の方に流れてしまう。その結果、自社の利益は小さくなってしまう。このように業界と売り手は取引を通じて利益の綱引きをやっているのである。交渉力とは、その綱引きにおける力の強さと考えてよい。

売り手の交渉力を左右する要因　こうした売り手（供給者）の交渉力を左右する要因としてはつぎのようなことが考えられる。

第1は、売り手の業界がどの程度の数の企業によって支配されているのかと

いうことである。もし特定の少数の企業によって支配されている場合，価格や納期などの点で売り手の言いなりにならざるを得ない。たとえばマイクロソフト（Microsoft）の Office は，オフィス統合ソフトでは市場をほぼ独占しており，バージョンアップの際には，PC 業界や導入企業などに大きな影響を与えている。

第 2 は，売り手が，強力に差別化された製品を持っているかどうかということである。エヌビディアの GPU のように，他の企業にない差別化された仕様を持っているような場合には，仮に納入価格が高いからといっても別の売り手にスイッチすることは難しい。

第 3 は，その業界が売り手にとってどの程度重要かということである。自社が売り手にとってあまり重要でない業界にいる場合，売り手の交渉力は高まる。たとえば，農産物の検査装置は半導体メーカーから部品の供給を受けている。それら個々の検査装置の毎年の生産台数は，パソコンやタブレット，スマートフォンに比べて圧倒的に少なく，半導体の大口ユーザとはいえない。したがって，半導体メーカーが，農産物検査装置メーカーからの納期や価格などの要求に積極的に応じてくれるかというと，パソコンメーカーに比しては，期待できないということである。

第 4 は，売り手が前方統合の戦略をとる可能性がどの程度あるかということである。もし売り手自身が顧客側である川下業界へと進出してくれば，売り手はライバルに変身する。もしもインテルが他社への CPU の供給をやめ，自社でパソコンの組み立て販売に乗り出すといったことが起これば，パソコン業界は大変なことになるだろう。

(5) 代替品の脅威

代替品とは，買い手にとって同じ機能やニーズを満たし，それを手に入れることで元の製品が不要になるような製品を指す。

たとえば，音楽を聴く手段として，かつてはレコードが一般的だった。しかし，CD という「代替品」が登場し，レコードの需要は大幅に減少した。さらに，インターネットを通じた音楽配信が普及することで，CD の売上げも激減してしまった。

代替品の脅威が存在する場合，その脅威にさらされている業界の利益機会は

小さくなる。これは，代替品が多くの場合，既存製品よりも高いコストパフォーマンスを持つためである。そのため，業界にとどまって競争し続けるには，代替品よりも価格を引き下げる必要があり，結果として利益が圧迫される。

このように，代替品の存在とは，既存製品やサービスに対して常に大きな脅威を与え，業界の構造や競争戦略にも大きな影響を及ぼす重要な要因である。

代替品の脅威を高める要因　代替品の脅威を高める要因として，以下のようなものが考えられる。

第1は，代替品の多さである。代替品となるものが少なければ，競争が起こりにくく，業界の潜在的な収益性が脅かされる可能性は高くない。

第2は，代替品のコスト／パフォーマンス比（コスパ）の高さである。代替品によってコスパがそれほど大きく向上しないようであれば，現在の業界を脅かすようなことはない。たとえば，電動自転車から電動キックボードへの代替は，コスパの面では有利になるわけではないので，その点で脅威になるとは考えにくい。

第3は，代替品を提供している業界の利益率の高さである。その業界の利益率が高い，すなわち儲かっているような業界からの参入では，代替品の普及のために大規模なキャンペーンをしたり，研究開発費を投じた性能の向上をはかることができるため，注意が必要になる。

3 「5つの競争要因モデル」の意義

5つの競争要因モデルの使い方

以上で説明したように，5つの競争要因モデルは，5つの側面からその業界が直面している脅威の大きさを分析し，業界の利益機会を検討するための基本的な考え方を示している。この分析には大きく分けて次の2つの使い方がある。

ひとつは，いうまでもなく，その業界がそもそも利益を生み出しやすい業界なのか，それとも利益を生み出しにくく競争するのが大変な業界なのかがわかるということである。すなわち，5つの競争要因モデルを用いることによって，たとえばベンチャー企業を立ち上げようとするときに「参入するなら，どうい

28 ● CHAPTER 2　どのような脅威にさらされているのか

う構造を持っている業界を選べばいいのか」という指針を与えてくれるのである。

　もうひとつは，業界の競争構造を分析することによって，競争戦略を策定するうえでのポイントが見えてくるということである。すなわち，5つの競争要因モデルを用いることによって，「いま現在競争している業界の構造を，どう変えたらより多くの利益を享受できるようになるのか」という指針を与えてくれるのである。

証券業界の分析に見る業界構造の変化

　証券業界に対して，どのような印象を持つだろうか。就職人気ランキングや給料ランキングで上位に位置することから，儲かっており，良さそうな業界に思える。しかし，証券恐慌やバブル経済とその崩壊，リーマンショックといった経済環境の変動，情報技術の進歩，規制緩和など，さまざまな影響に翻弄されてきた業界でもある。

　業界構造の変化は，「5つの競争要因モデル」でどのように分析できるだろうか。ここでは，1989年と1999年という10年間を隔てた2つの時点で，証券業界の変化を比較してみよう。

　まず結果を先取りすると，1989年の段階では，全体として競争は穏やかで利益機会が大きかったのに対して，そのわずか10年後の1999年においては，競争が激しく利益機会が小さい業界へと変化している（図表2-4）。

　1989年のバブル経済全盛，しかも証券取引法といった制度で守られた環境から一転，バブルは弾け，インターネットとパソコンの急速な普及，そして金融ビックバンによって，業界を取り巻く環境は著しく変わった。こうした「環境の変化」をうまく味方につけた企業は躍進し，逆に対応できなかった企業は衰退したり，撤退していったのである。それでは，以下ではそれぞれについてやや詳しく検討していこう。

(1) 1989年の状況

　1989年，日本はバブル経済の真っただ中にあった。株価は1989年12月29日に終値3万8915円の市場最高値を記録した。これは実に，34年後の2024年2月まで破られなかった景気のピークである。それでは，5つの競争要因を

CHART 図表2-4 証券業界の5つの競争要因モデル

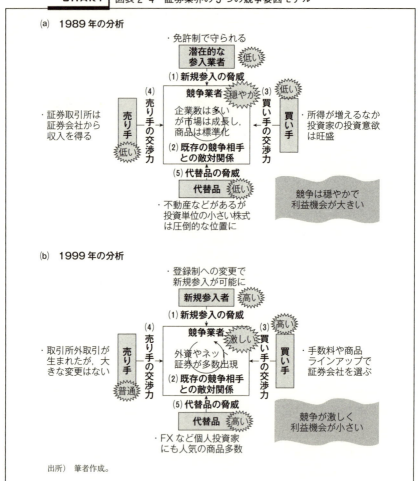

出所) 筆者作成。

見ていこう。

　まず，第1の要因である「既存企業間の対抗度」である。証券業界には114社存在していたが，証券取引法により免許制が敷かれていたため，1965年から新規参入はなかった。競争企業の規模とパワーに関しては，大手4社，準大手，中堅，地場といった序列と棲み分けが明確であり，市場も1985年から89年までの間に約2倍に伸びていた。製品差別化については，基本的には同じ金融商品を扱っていたため，既存企業間の対抗度はかなり低かった。

次に，第2の要因である「潜在的な新規参入の脅威」である。すでに述べたとおり免許制のため新規参入は困難であり，1965年以降の20年以上にわたり新規参入はなかったため，参入の脅威はきわめて低かった。

　第3の要因である「買い手の交渉力」である。バブル期には株式取引経験が乏しい人々も投資に参加し，口座数や取引額は史上最高を記録していた。上場株式を取引するためには証券会社を利用する必要があり，サラリーマンの余剰資金も株式投資に向かっていたため，買い手の交渉力は証券会社に対して圧力をかけることはなかった。

　第4の要因である「売り手の交渉力」である。上場株式は，証券取引所が運営する株式市場で売買する。証券会社は証券取引所の会員となり，個人などは証券会社を通して取引を行うことになる。証券取引所の収入源は会員企業からの年会費と手数料収入であるが，市場も活況であり，証券取引所から証券会社に大きな圧力がかかることはなかった。

　最後の第5の要因である「代替品の脅威」については，当時の主要な代替品は不動産であったが，投資単位の小ささや流動性の高さから証券に相対的優位性があったため，代替品の脅威は大きくなかった。

　以上の5つの競争要因から，1989年の証券業界は競合が激化する要因が少なく，相対的に利益をあげやすい業界構造であったことがわかる。

(2)　1999年の状況

　しかし，この状況は長く続かず，わずか10年後には大きく変わった。1990年にバブルがはじけ，4万円目前だった日経平均株価は2万円を割り込んでしまった。

　また，1990年代後半，金融業界では護送船団方式を崩壊させる「金融ビッグバン」が起こり，とくに1998年の免許制から登録制への変更は証券業界に大きな衝撃を与えた。これにより要件を満たせば参入が可能となり，多数の企業が参入できるようになった。つまり，第2の要因「潜在的な新規参入の脅威」がきわめて大きくなったのである。実際に，シュワブなどの外資を含む，企業の市場参入が相次いだ。

　これに伴い，第1の要因である「既存企業間の対抗度」も大きく変わった。1997年の山一證券の自主廃業に象徴されるように，かつての大手4社，準大

手，中堅，地場の棲み分けは崩れ，1996年から始まったインターネット取引専業のオンライン証券が台頭した。また，1998年には投資信託の窓販（窓口販売）が解禁され，銀行などでも購入が可能となった。つまり，競争環境は10年前に比べて大幅に厳しくなったのである。

第3の要因の「買い手の交渉力」も変化した。1999年の手数料自由化により，証券会社間で手数料の差が生じ，競争が激化した。手数料が制度変更前から10分の1まで下がることも珍しくなく，手数料0円キャンペーンも頻繁に行われることが当たり前となるなど，証券会社は利益を圧迫される競争を強いられた。

第4の要因「売り手の競争力」については，取引所外取引の解禁があったものの，取引所での売買が基本的な構図は変わらなかった。

しかし，第5の要因「代替品の脅威」では，金融ビッグバンによりFX（外国為替証拠金取引）や外国株といった，その他の金融商品の選択肢が増え，証券会社での国内株取引以外の投資商品が広がることとなった。これは証券会社で購入されるかぎり脅威にはならなかったが，証券会社以外でも購入が可能である商品も増え，結果として脅威は高まることはあっても低くなることはなかった。

このように，売り手の競争力以外の4つの要因で競争圧力は飛躍的に高まり，利益機会は小さくなった。わずか10年で日本の証券業界の構造は大きく変わったのである。

5つの競争要因モデルとICT

いうまでもなく，ICTが業界の外部環境に与えるインパクトは大きい。なかでもインターネットの普及とそれを活用したビジネスの進歩は桁外れといってもいいだろう。

メルカリはスマートフォンアプリを活用して，個人間の中古品売買を手軽に行えるサービスを提供し，従来のリサイクルショップやオークションサイトに影響を与えた。また，Airbnbは，個人が自宅や部屋を貸し出せるプラットフォームを構築し，低コストで多様な宿泊オプションを提供することで，ホテル業界に脅威をもたらした。これらは「新規参入者の脅威」の典型的な例であ

る。

　次に，教育業界では東進ハイスクールはオンライン学習プラットフォームを構築して，限られた講師数でも受講生を集められる競争力を持ち，対面講義の従来型の大手予備校を凌駕した。また，医療業界ではコロナ禍以降，オンライン診療サービスを提供する医療法人や医師が増え，対面診療が基本だった従来の形態が変わりつつある。これらは「競争業者の敵対関係」における対抗度が高まったケースであろう。

　さらに，「買い手の交渉力」の強化も起きている。たとえば，リアル店舗で品定めをしてからネットで購入する「ショールーミング」が一般化し，買い手はより多くの選択肢を持つようになった。また，楽天市場やリクルート「ホットペッパー」は顧客レビューを公開することで，企業側は顧客満足度向上に努めざるを得なくなっている。

　そして，技術の進展により，「売り手の交渉力」も変化している。たとえば，これまでなかなか知ることができなかった海外の部品メーカーの製品・価格情報がインターネットを通じて得ることができるようになり，これまで長年言い値で取引していた国内サプライヤーとの力関係に変化が生じている。

　また，「代替品の脅威」も無視できない。たとえば，ゲーム業界では専用機を買うことなくスマートフォンで誰もが手軽にゲームを楽しめるようになったことで，一定数の顧客は流れてしまった。テレビ業界では，Netflix などの有料オンデマンド動画配信サービスが普及したり，若者を中心に TikTok や YouTube で一般ユーザの動画を視聴することが定着し，いわゆるテレビ離れは深刻化しているといわれる。

　しかし，既存企業にとって ICT の進歩は脅威だけでなく，新たな機会をもたらすものでもある。たとえば，ChatGPT のような生成 AI の活用により，サイバーエージェントは広告オペレーション業務の効率化を実現し，30％の業務削減に成功した。また，ベネッセは社外からの問い合わせに対するよくある質問（FAQ）の対応や，説明資料の作成支援機能を導入することで，全社的な生産性の向上を達成した。これらの取り組みによって，企業は「競争業者の敵対関係」や「買い手の交渉力」に対抗する力を得ることができる。

　このように，ICT の進歩は企業にとって大きな脅威であると同時に，成長の

3　「5つの競争要因モデル」の意義　● 33

ための貴重なチャンスでもあるのである。

ポーター自身による議論

なお，ポーター自身も，その後の研究で「5つの競争要因モデル」とICT（情報通信技術）の関わりについて議論している。

まず，2001年にインターネットビジネスが拡大し始めた際，ポーターはこの拡大が産業構造に与える影響を5つの競争要因の観点から分析した。そこでは，インターネットが産業の収益性に多くのマイナスの影響を与える一方で，効率性の向上や新たなチャネルの開拓など，プラスの要因ももたらすと指摘した（Porter, 2001）。

その後，2014年には，IoT（Internet of Things）時代の競争戦略に焦点を当てた議論を展開している。ポーターらは，スマート製品の登場が製造業にどのような影響を与えるかを分析し，「接続機能を持つスマート製品の登場が，製造業に大きなマイナスの影響を与える」と警告した。これは，スマート製品が新たな競争要因となり，既存の製品やビジネスモデルに対する脅威を増大させるからである（Porter and Heppelmann, 2014）。

これらの議論から明らかなのは，ICT技術の進化と外部環境の変化が進む中でも，戦略の本質は変わらず，5つの競争要因モデルは依然として有効であるということである。ポーターは，新技術や市場の変化が企業にとって新たな機会と同時にリスクをもたらすことを強調し，企業はこれらの変化に適応するために継続的な分析と戦略の見直しが必要であると提言している。

つまり企業は「自社が属するのは，利益機会が大きい業界だ」と安心するのではなく，常に変化を捉えながら，競争環境を分析し続ける必要がある。新しい技術や市場動向を無視することなく，ポーターの5つの競争要因モデルを基に，効果的な戦略を構築し続けることが重要なのである。

SUMMARY

競争戦略を考えるうえでは，2つの視点があるが，本章では外部要因を重視する「ポジショニングアプローチ」に基づき，ポーターの「5つの競争要因モデル」を見てきた。5つの要因とは，①既存の競争相手との敵対関係，②新規参入の脅威，

③買い手の交渉力，④売り手の交渉力，⑤代替品の脅威である。この5つの脅威を分析することによって，潜在的な業界の利益機会，すなわちどれだけ儲かるのかを検討できるのである。

ICT の進展は，企業の競争環境に大きな影響を与えてきた。今後もこうした変化は続くだろう。企業が持続的な競争優位を獲得するためには，外部環境の変化を正確に把握し，それに基づいて柔軟に対応していくことが重要である。

EXERCISE

自分が興味のある業界を取り上げて，5つの競争要因分析を行ってみよう。できれば，異なった2時点で分析してみて，その違いがあるかどうか検討しよう。違いがある場合は，その理由は何だろうか。

読書案内   Bookguide ●

ポーター，M. E.（1982）『競争の戦略』土岐坤・中辻萬治・服部照夫訳，ダイヤモンド社。
→経営戦略論の古典で最重要ともいえる1冊。「5つの競争要因分析」のほかにも，コスト優位，差別化，集中の「3つの基本戦略」も説明している。

ポーター，M. E.（2001）「戦略の本質は変わらない」『Diamond ハーバード・ビジネス・レビュー』5月号，52-77頁。
→「業界構造」と「持続的な競争優位」という2つの視点から，ポーター自身が IT トレンドに左右されず競争優位を確立するための本質を鋭く議論している。

読書案内 ● 35

CHAPTER

第 3 章

なぜ同じ業界で成果が異なるのか

経営資源と能力

　同じ産業にいて，同じような競争ポジションを占めていても，儲かっている企業もあれば，そうでない企業もある。つまり「ポジショニングアプローチ」以外のフレームワークでも，戦略について考える必要がありそうだ。
　企業の内部要因を重視する視点は「リソースベースドビュー（RBV）」と呼ばれ，「企業が利益を獲得するためには，企業内部に，他社にはない優れた独自能力を構築していくことが重要だ」と考える。
　そこで本章では，「企業の内部要因を重視する視点」で，経営戦略と経営資源・組織能力との関係を，ICT の観点から考えていく。

KEYWORD

経営資源　組織能力　　リソースベースドビュー　　バリューチェーン　　事業システム
VRIO フレームワーク

1 資源・能力アプローチ

　同じ業界にいながら，なぜある企業だけが成長したり，利益をあげられたり
できるのだろうか。しかも，その競争優位の差が縮まらなかったり，かえって
広がってしまうことがあるのだろうか。同じ業界に属しているのであるから，
前章で見た業界構造から説明するのは難しい。

　そこで，注目すべきは「経営資源（resource）」である。経営資源とは，俗に
ヒト・モノ・カネ・情報といわれるような事業活動を行ううえで必要な資源の
総称であり，文字通り見える形がある「有形」のものと，形のない「無形」の
ものとがある。有形資源とは，経営者・従業員，資本設備，金融資産など，一
方の無形資源とは，技術・経営ノウハウ，顧客の信用やブランドイメージ，流
通チャネルやサプライヤーとの信頼関係，従業員のモラルの高さ，などがあげ
られる。

　ただし，複数の企業が，仮にまったく同じ経営資源を持っていたとしても，
同じ成果をあげることはできないだろう。私たち人間が，同じ型式のパソコン
を持っていても，それを同じように使いこなして，同じレベルの仕事ができる
とは限らないことと同じである。企業も，資源の「使い方」によって得られる
成果が異なる。そこで，経営資源と並んで重要とされるのが，資源を組織的な
プロセスを利用しながら組み合わせ，上手に使いこなして，望ましい結果を生
み出す力である「組織能力（capability）」である。

　この定義を見ればわかるとおり，「経営資源」の中に，経営ノウハウのよう
に「能力」を内在するものがある。実際，これらは経営を行ううえで切り離し
て議論することが難しい。そのため，ここでは資源と能力を明確に区別せずに，
「資源・能力」として考えていくことにする。

38 ● CHAPTER 3 　なぜ同じ業界で成果が異なるのか

このように，企業の競争優位の源泉を経営資源と組織能力に求める考え方を，「資源・能力アプローチ」または，「RBV：Resource-based View of the Firm（リソースベースドビュー）」と呼ぶ。この考え方によると，同じ産業内の企業であっても，それぞれが保有する資源やそれを活用する能力が異なるため，企業ごとに異なる行動を取ることになる。その結果，売上げや利益といったパフォーマンスにも違いが生じると考えられるのである。

 企業と企業間のバリューチェーン（価値連鎖）

　企業は顧客の「価値」を生み出すために，さまざまな業務活動を行っている。たとえば自動車メーカーであれば，設計をして，必要な部品を調達して製造・組立を行い，ディーラーへ出荷して販売し，車検などのアフターサービスなどを行う。また，食品スーパーやコンビニエンスストアなどの小売業であれば，商品を買い付けて，棚揃えをし，お店で販売して，場合によっては配送があり，クレーム対応などのアフターサービスがある。しかも，それらの活動は個々の担当部門が単独で行えばよいというわけではなく，当然つながりを持ってくる。
　その活動のひとつひとつが顧客価値を作り出すために必要な源であるため，その一連の業務活動のつながりのことを「バリューチェーン（価値連鎖）」という（Porter, 1985）。
　バリューチェーンでは，企業内部の活動は大きく「主活動」と「支援活動」の2つに分類される（図表3-1）。
　「主活動」とは，製品やサービスを生み出して顧客に提供するまでの一連の流れに関して，直接的に関わる事業活動を指す。主活動は業種によって異なってくるが，製造業では，ポーターが示した図のとおり「購買物流」，「製造」，「出荷物流」，「販売・マーケティング」，「サービス」といった流れが考えられる。
　一方，「支援活動」とは，文字通り主活動を支える活動である。これには，総務，財務・経理，経営企画といった「全般管理」，給与計算，社会保険業務，採用や教育といった「人事・労務管理」，製品開発や品質管理，生産工程の見

図表3-1 バリューチェーン

出所）Porter（1985）。

直しなどの「技術開発」，社外からの原材料やサービスの購入や契約などを行う「調達」といった活動である。

このバリューチェーンのフレームワークを用いることで，自社の活動を可視化することができる。たとえば，同業の他社と比較してみると，社内の活動にどのような違いがあるかがわかる。そして，自社のそれぞれの活動がどのように価値を生み出し，企業の利益（マージン）につながっているのかということが理解できるのである。

ICT の進歩と業務活動

ICT は，バリューチェーンのあらゆる要素に影響を与え，個々の業務活動のあり方や，そのつながりに大きな影響を与えてきた。また，競争の範囲や，顧客のニーズをいかに満たすかという方法も変えている。このような点を見ると，情報技術が他の技術と異質であることがわかる。

どのような業務活動においても，物理的な部分と情報処理の部分との2つの部分がある。「物理的な部分」とは人や物が移動したり形を変えたりする業務部分であり，「情報処理の部分」とは，その活動を遂行するのに必要なデータを把握・操作・伝達するのに必要な業務である。

ある業務活動の物理的な部分と情報処理の部分の関係は非常にシンプルな場

合もあれば，複雑な場合もある。たとえば，ラーメン屋の注文と調理ではそれらの関係はシンプルな関係になるだろうが，自動車の設計と製造では非常に複雑な関係となる。また，金属プレス加工業であれば物理的部分の割合が高く，証券取引業であれば情報処理の部分がきわめて高い，といった具合である。つまり，製品やサービスが異なれば，また，企業が異なれば，この2つの部分の関わり方も相当違ってくるのである。

■ 技術進歩と業務分担 ■

企業の歴史における技術進歩の多くは，企業活動の物理的な部分に影響を与えるものであった。たとえば，第一次，第二次産業革命は，人間の労働という物理的な部分を蒸気機関や電気という動力で動く機械に置き換えることによって企業の競争力を高めたが，情報処理の部分は依然としてほとんど人間の作業として残ることとなった。

その後，技術の変化の流れが大きく変わり，ICTが情報処理の部分を向上させるペースは速まった。情報処理の部分としての人間の仕事はコンピュータに置き換えられ，それによって，業務活動の物理的な部分にも変化をもたらしていった。たとえば，コンピュータで制御される工作機械は，従来の熟練した職人の勘に頼る機械操作よりも速さ・正確さの両方で勝るようになったのである。さらに近年では，IoTやAI（人工知能）の発展によって，高度で属人的だと思われてきた情報処理の部分の代替も大きく進んでいる。これらについては，第7章に詳しく記述されているので参考にして欲しい。

また，ICTは個々の業務活動に影響を与えるだけではなく，企業間の業務分担に新たな関係を作り出した。たとえば，コンビニエンスストアで導入されたPOSシステムを通じた発注・在庫管理システムは，小売業や卸し，メーカーといった複数の業界に，これまでより迅速に多くの有益な情報をもたらし，緊密な業務の連携と効率化を可能にしてきた。

2 企業と企業間のバリューチェーン（価値連鎖）　● 41

3 競争優位につながる資源・能力

　私たち個人が保有する資源や能力と同様に，企業が保有するすべての資源や能力が競争優位につながるものではない。では，企業の本当の競争優位につながる資源や能力とは何だろうか。この問いに対するひとつの解決方法は，バーニーが提唱したVRIOフレームワークによる分析である（Barney, 1991）。

VRIOフレームワーク

　VRIOフレームワークは，その資源が持続的な競争優位をもたらすものかどうかを判断する4つの問いから構成される（図表3-2）。
(1)　経済価値（value）に関する問い
(2)　希少性（rarity）に関する問い
(3)　模倣困難性（imitability）に関する問い
(4)　組織（organization）に関する問い

(1)　経済価値（value）に関する問い

　まず，「その企業の保有する資源や能力は，その企業に利益機会をもたらす価値があるか」という問いである。

　企業が有する資源や能力は，当該企業が展開している事業領域や，満たそうと考えている顧客価値と一致しているときにのみ，競争上の意味を持つ。たとえば，「社員が全員マイクロソフトのエクセルで簡単なマクロを組んだり，アクセスでデータベース管理をするなどパソコンを使いこなしている」といったケースがあったとしよう。これが，機械部品を扱う専門商社の場合，顧客のニーズにあった商品を提案できるなど，顧客価値に合致するといえる。一方，昔ながらの商店街で，なじみの高齢のお客さんに自家製のお総菜を売るようなお店だった場合，もし店主がその能力を持っていたとしても，おそらく顧客に価値を与えることにはならない。このように，資源・能力の価値は，絶対的なものではなく，顧客の価値と一致しているかどうかにかかっているのである。

42 ● CHAPTER 3　なぜ同じ業界で成果が異なるのか

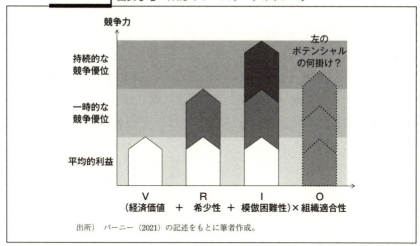

CHART 図表3-2　VRIOフレームワークのイメージ

出所）バーニー（2021）の記述をもとに筆者作成。

(2) 希少性 (rarity) に関する問い

次は、「どのくらい多くの競合企業が、その特定の価値ある資源や能力をすでに保有しているか」という問いである。ある企業が保有する資源や能力を、他の企業も保有しているのであれば、企業間で差は生じない。したがって、希少であることが求められる。

たとえば、先ほどと同じ機械部品の専門商社で、顧客管理データベースをクラウド上で運用していて、世界中のどの社員でも顧客の問い合わせにリアルタイムで対応できるシステムを構築し、発注やアフターサービスなどで対応していたとしよう。それが他社では未整備だった場合、希少性によって競争優位につながるものであるといえる。

ただし、注意が必要なのは、多くの競合企業に広く保有されている、希少ではない資源や能力だからといって、それらが不要なものであるというわけではない。通常業務を行ううえでは、誰もが持ち合わせている資源・能力といったものも、もちろん必要である。

(3) 模倣困難性 (imitability) に関する問い

そして3つめは、「ある資源や能力を保有しない企業は、その獲得に際し、それをすでに保有する企業に比べてコスト上不利であるか」という問いである。経済的価値があり、かつ希少な資源や能力を有していたとしても、競合する他

3　競争優位につながる資源・能力　● 43

社に容易に模倣されてしまうなら，いち早く獲得した「先行者優位」は長く続かない。逆に，ある資源や能力を，他社が模倣できない場合や，真似することに多額のコストや長い時間が掛かる場合には，競争優位は継続できる。

競争優位にある企業の資源や能力を模倣することが困難になるのは，どのような場合だろうか。①特許で守られている場合，②独自の歴史的条件がある場合，③資源と競争優位の間の因果関係がわからない（因果関係の曖昧性）場合，といったものが考えられる。

模倣困難については，特許を思い浮かべる人も多いだろうが，特許を公開するということは，ある意味で競合企業にヒントを与えることになるともいえる。そのために，すべての技術を公開特許とせずブラックボックスにする戦略もあり，特許は完璧に模倣を阻むことにはならない。

また，独自の歴史的条件の例としては，孫正義やスティーブ・ジョブズといったカリスマ創業者の影響力など，真似をしようと思ってもできないものがあげられる。

そして，因果関係の曖昧性については，たとえばトヨタ自動車であればジャストインタイムやカンバン方式などさまざまな研究がなされ，同業他社も似たシステムを導入しているにもかかわらず，何がどの程度競争力に影響しているかわからず，結局模倣が困難で，同じような成果が得られないということである。

⑷ 組織（organization）に関する問い

最後に，「その企業は，保有する資源や能力がその戦略的ポテンシャルをフルに発揮するように組織されているか」という問いである。競争優位の源泉となる経営資源や能力は，必ずしも単独で役立つわけではない。企業は，ヒト，モノ，カネ，情報が複雑に絡み合ったシステムであり，何らかの企業行動，企業独自の製品やサービスを実現するためには，重要な経営資源・能力を活かす他の要素が組み合わされる必要がある。具体的には，公式・非公式の命令・報告系統といった組織構造が機能しているか，マネジメントコントロールシステムが働いているか，そして報酬や人材育成の体系が適正に働いているかといった点である。

これまでの問いは，競争力を高める資源を「選別していく問い」であったが，

最後の問いは大きく異なる。たとえ，持続的な競争優位を維持できるポテンシャルがあったとしても，それをフルに発揮できるような組織体制がなければ駄目だというのである。つまり，企業が使いこなすことができなければ，宝の持ち腐れというわけなのだ。

■ コアコンピタンスと VRIO ■

コアコンピタンスとは，企業が持つ「他社には真似できない，中核的な（コア）な能力（コンピタンス）」と定義される（Hamel and Prahalad, 1994）。その要件として「顧客に何らかの利益をもたらす」，「競合相手に真似されにくい」，「複数の商品・市場に推進できる」能力であるとしている。

企業は，バリューチェーンで見たとおり，社員の給与を管理したり，必要な文具や用紙の発注担当者を決めたり，必要な稟議を回す仕組みを整えるといったさまざまな業務を遂行しており，それぞれの業務で無数の経営資源や能力を使っている。しかし，コアコンピタンスは，その中でも，他の企業に勝って勝ち続けられる「競争優位をもたらす源泉となる能力」である。ハメルらは，具体例として，ホンダのエンジン技術やシャープの液晶技術，ソニーの小型化技術などをあげている。

なお，コアコンピタンスは，「どのレベルの能力」を測ればいいのかというと，バリューチェーンにおける特定の「機能」レベルの強みとされる。つまり，バリューチェーンの「製造・オペレーション」，「技術・開発」といった機能において，自社でどのようなコア能力があるのかを見ればよいということになる。

したがって，この評価には前項で見た VRIO 分析がとても有効である。すでに見たとおり，VRIO 分析は，自社の資源を，価値（Value），希少性（Rarity），模倣困難性（Inimitability），組織（Organization）の 4 つの視点から評価する。その資源をピックアップする際に，バリューチェーン分析に沿ってピックアップすれば，網羅的かつ効果的である。そして，それぞれの資源について，持続的な競争優位の源泉とされたものが，コアコンピタンスとして重視すべきものであるとわかるのである。

3 競争優位につながる資源・能力 ● 45

松井証券の VRIO 分析

　日本におけるオンライン証券の歴史は，1996 年に大和証券が市場に参入したことから始まる。その後，大手証券会社や中堅証券会社が次々と参入し，2001 年には約 70 社が競争に加わった。この市場の急速な拡大は，インターネットやパソコンの普及といった ICT の進歩，そして「金融ビッグバン」と呼ばれる規制緩和が新しいビジネスの機会を生み出したことが背景にある。

　しかし，オンライン証券市場で成功したのは，当初業界をリードすると期待された大手証券会社ではなく，オンライン専業の企業であった。とくに松井証券はその中でも，際立った存在であった。松井証券は独自の顧客層を定め，手数料競争から距離を置く戦略を採用した。この戦略により，松井証券は確固たる顧客基盤を築き，業界内での優位性を保ち続けた。他社もやがてそれに気づき，松井証券の戦略を模倣しようとしたものの，松井証券は依然として業績面で優位に立っていたのである。

　オンライン証券市場が誕生した背景には，外部環境の大きな変化があったが，同じ業界の中で松井証券がなぜ他社を凌駕して成功できたのかについては，RBV の視点から考える必要がある。

　松井証券は，オンライン証券市場が本格的に立ち上がる前に，コールセンターのみでの証券業務に転換していた。この経験を通じて，松井証券は他社が簡単に知りえなかった「回転数」を上げることの重要性を理解していた。同時に，彼らは主な顧客が「株式取引の経験がある中高年の富裕層」であることを認識し，他社とは異なる価値を提供する戦略を採用した。

　さらに，松井証券はターゲットとする顧客層に対して，手持ち資金以上の取引を可能にする「信用取引」や，1 日当たりの手数料に割安感をもたせる「定額手数料」といった価値を提供する方針を打ち出した。この方針のもとで，松井証券は回転数を向上させるための戦術を立て，日々のオペレーションとそれを支える情報システムを構築した。この結果，松井証券は独自の経営資源と組織能力に支えられた競争優位を築くことができたのである。

　ここで，黎明期の松井証券に対する VRIO 分析を試みよう。まず，証券業界のバリューチェーンを描き，各機能における経営資源を整理する。この分析例

46 ● CHAPTER 3　なぜ同じ業界で成果が異なるのか

CHART | 図表 3-3　松井証券の VRIO 分析の一例

バリュー チェーン	経営資源	価　値 V	希少性 R	模倣 可能性 I	組織 適合性 O	競争優位
商品企画	・信用取引，定額手数料など 　の独自の商品	○	○	×	○	一時的な 競争優位
システム 構築・運営	・自前の情報システム	○	○	△	○	一時的な 競争優位
営業・マー ケティング	・コールセンターのノウハウ ・中高年の優良顧客	○	○	○	○	持続的な 競争優位
サポート	・デイトレーダーのニーズに 　対応したサポート	○	○	○	○	持続的な 競争優位

出所）　筆者作成。

では，この節で紹介した内容にのみ基づいて記述している。それぞれの経営資源について，VRIO フレームワークの 4 つの問いに答えていく形で評価を行った結果が図表 3-3 である。

　商品企画では，松井証券だけが信用取引や定額手数料といった独自の商品やサービス体系を持っており，競争開始から 2 年間ほどその優位性が続いた。ただし，他社も意思決定さえあれば，数カ月で模倣可能であったため，この優位性は一時的なものと考えられる。

　次に，システム構築・運営に関しては，他社の多くがパッケージ型の外部システムを入れていたが，松井証券は自社開発の情報システムであった。パッケージシステムでもオプションによってさまざまな対応は可能であるものの，他社の外部システムに比べて拡張性やコスト面で優れていたとされる。これもまた，他社が容易に模倣できない要素であり，一時的な競争優位をもたらした。

　営業・マーケティングの面では，松井証券はコールセンター運営のノウハウを有しており，これが独自性の高い競争優位の源泉となった。当時からの顧客は取引回数が多く，手数料収入を生み出す優良顧客であり，この点が持続的な競争優位につながっている。

　そして，サポート資源として，松井証券はデイトレーダーのニーズに対応したシステムの安定性や，画面イメージの改善などを提供している。他社と比べても高いレベルのサービスを維持しており，これも持続的な競争優位の一因で

3　競争優位につながる資源・能力　● **47**

ある。

最後に，全体として松井証券の成功を支えたのは，業界の常識を打ち破り，果敢に挑戦を続けた松井社長のリーダーシップである。このリーダーシップが，組織適合性の観点から松井証券の競争力を高める大きな要因となったのである。

4. 複数企業が協力して得る競争優位

現代社会では，企業が単独でビジネスを展開することはほとんどなく，多くの場合，複数の企業が協力して事業システムを構築している。複数の企業が互いに関わり合う状況では，適切なマネジメントをどう進めるかが，非常に重要であり，かつ難しい課題となる。とくに，自社で担当すべき業務と外部企業に委託すべき業務をどのように判断するかは，大きな意思決定を必要とする。ここでは，ICT の観点からこの課題に取り組んでいくことにしよう。

事業システムとは

現代社会では，顧客に価値を届ける業務活動のつながりは，企業の枠を超えた，より一段大きな活動の流れの中に埋め込まれてつながっている。たとえば，自動車や家電製品といった最終製品の組立メーカーのバリューチェーンには，素材や部品を供給する業者のバリューチェーンや，あるいは自社の製品を最終的な顧客につなげる卸しや小売りのバリューチェーンがつながりあっている。このような複数企業による事業の流れの全体を「事業システム（加護野・井上，2004）」という（図表3-4）。

この企業の枠をこえたつながりを調整することで，顧客に対するさらに大きな価値を生み出し，競争優位を生み出すことも可能になるのである。

デルの事業システム

デルは，1984 年にマイケル・デルが，パソコン保守を行う目的で起業したが，その後独自の「事業システム」でパソコンの注文生産・販売を行い，急速に成長した。

48 ● CHAPTER 3 なぜ同じ業界で成果が異なるのか

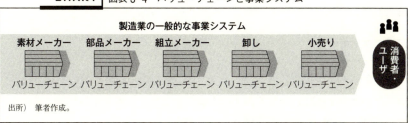
図表3-4 バリューチェーンと事業システム
出所) 筆者作成。

　彼らの事業システムは「ダイレクトモデル」と呼ばれる。通常，パソコンの生産は計画に基づいた在庫を持ち，製造・組立が行われるが，彼は，顧客からの受注に応じて，部品メーカーから必要な部品を必要なだけ受け入れる「ジャストインタイム」で生産する仕組みを構築した。

　このシステムの導入によって，デルは製造期間を短縮し，在庫コストを抑え，結果として低価格の製品を早く顧客に届けることができるようになった。これにより，IBMなど他の大手パソコンメーカーに対して競争優位を築いたのである。

　デルの成功は自社にとどまらず，納入する多くの部品メーカーにも大きなメリットをもたらした。直接的なメリットとしては，成長企業であるデルとの取引で得られる売上増があげられるが，間接的なメリットとしては，リアルタイムの顧客ニーズや業界情報など，通常入手困難な情報を得ることによって，変化の速い市場の動きを正確に把握し，需給予測をより的確に行うことが可能になることであった。つまり，デルと協力する部品メーカーとは，互いにWin-Winの関係を築くことができたのである。

バンドリングとアンバンドリング

　情報産業や，情報技術を利用した企業間関係において重要な概念として，バンドリングとアンバンドリングがある。

　バンドリングとは，複数の事業活動を，より大きなまとまりをもった活動にして行うことをいう。一方のアンバンドリングとは，逆に，もともと一体として行われた複数の事業活動の一部分を切り出すことである。とくに，別の企業に委託することは外部化ともいわれ，注目される形態である。あらゆる業界でアンバンドリング化は進む傾向にあるが，とくに情報技術の発展に伴って，典

4. 複数企業が協力して得る競争優位　● 49

型的なアンバンドリングのパターンが生まれている。

製造業の事例

全体としての事業システムが同じであっても，その中のどの活動を自社で行い，どの活動を他社に任せるのかによって，事業システムのあり方は異なる。ここでは，典型的な2つの事例を見よう（図表3-5）。

(1) 製造委託

製造委託（OEM：Original Equipment Manufacturing）とは，業務のうち，基本的には製造だけを外部の企業に委ねるアンバンドリングの一形態である。近年のエレクトロニクス業界では，EMS（Electronics Manufacturing Service）と呼ばれる企業が大きな役割を果たしている。

たとえば，台湾の鴻海精密工業（Foxconn）は，アップルのiPhoneやiPadの製造を請け負っている世界最大のEMS企業である。また，台湾のペガトロンはアップルやテスラの電子機器などの生産を，アメリカのジェイビルはシスコやデルなどのサーバやネットワーク機器などの生産を行っている。

これらの企業は，製造現場の最先端の専門知識とスケールメリットを活かして，高品質でコストに見合う製品を作る「世界の工場」として成長を続けている。

(2) 開発・製造委託

一方，開発・製造委託（ODM：Original Design Manufacturing）とは，開発・設計・製造のすべてを外部の企業に委ねるアンバンドリングの形態である。こうした取り組みは，現在では非常に多く利用されており，世界的な大企業が数多く存在する。

たとえば，台湾のクアンタ（広達電脳）は，アップルのMacBookやHPのノートパソコンの開発から生産までを行っている。かつては，世界のノートパソコンの半分はクアンタ製といわれたほどであるが，近年では，生成型AI向けのサーバの開発・製造で成長を続けている。また，同じく台湾のコンパル（仁宝電脳）は，レノボやエイサーなどの大手メーカー向けにノートパソコンやタブレットの開発・製造を行っており，また近年は5G向けのサーバーやルーターなどに進出している。

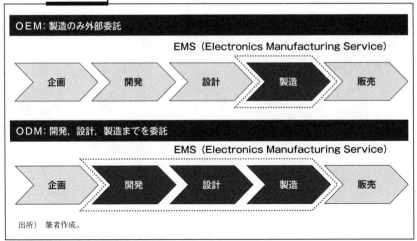

CHART 図表3-5 アンバンドリングの2つの形態（OEMとODM）

出所）筆者作成。

これらのODM企業は、最先端かつ幅広い設計力と生産能力を武器に、委託企業のニーズに合わせて短期間で市場に対応できる製品を提供することで、競争力を高めているのである。

非製造業の事例

一方、非製造業においても、さまざまな事例がある。そのひとつが、物流業界におけるアンバンドリングである。

宅配便の業者は、ネット通販を通じて販売された品物を消費者に届ける作業だけを担ってきたが、近年では、ネット通販企業のホームページ作成・発注・顧客管理・配送・代金回収までの業務を一括して手がけるケースも出てきている。

たとえば、小規模の小売店がインターネット販売を行おうとしても、大手のアマゾン（Amazon）のように自社で物流拠点を構築するのは難しい。大手では即日配達が当たり前というなかで、送料もかかるし、数日かかってしまうようでは、まったく競争力がなかった。

たとえば、ヤマトホールディングスでは、自社の物流拠点を提供して、フルフィルメントサービス、つまりEC事業の物流業務（入庫から保管、受注後の梱包出荷、配送から代金回収まで）のすべてを代行するサービスを提供している。

4 複数企業が協力して得る競争優位 ● 51

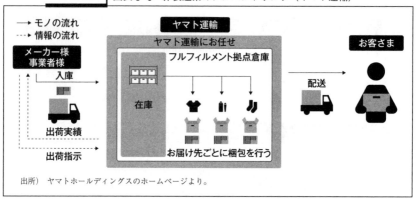

図表3-6 非製造業のアンバンドリング（ヤマト運輸）

出所）ヤマトホールディングスのホームページより。

ECのニーズが高まる中，こうしたサービスは広がっており，多くの食品，アパレル業者や，新規参入を考える企業が利用している（図表3-6）。

アンバンドリングのメリットとデメリット

このように，EMSやODMへの委託は，企業がコアコンピタンスに注力するための戦略として，とても有効である。

委託側にとっての最大のメリットは，製造や設計にかかるリソースを削減できたり，自社の強みである企画・マーケティングなどに集中できる点である。また，自社にない技術が利用可能であるということも大きい。たとえば，アップルがこだわり抜いたiPhoneの美しい流線型デザインを量産しようとするのは，一見無謀な挑戦に思われた。しかし，鴻海の高い金型技術がそれを可能にし，スマートフォンを象徴する製品として世界中に行き渡らせ，アップルの躍進を支えたのである。

一方で，いくつかのデメリットも存在する。とくに，製造品質のコントロールが難しくなることや，技術力の低下，情報流出のリスクがあげられる。iPhoneは，世界的な新型コロナウイルスの流行の中，7割の生産を委託していた鴻海の中国工場の出荷台数が減少したことで，販売が大きく落ち込んでしまった。また，新製品の正式な販売より前に，さまざまな情報が行き交うこともしばしばである。これに加えて，技術が自社に残らないことを懸念したアップルは半導体チップやマイクロLEDディスプレイ，ソフトウェアの内製化を

Column ❶ 3つのアンバンドリング

経済学者ボールドウィンは，ICTとグローバリゼーションの進展について，「3つのアンバンドリング」という概念で議論をしている（Baldwin, 2016）。

まず，第1のアンバンドリングは，1820年から1990年にかけて進行した。この時期に，蒸気船，鉄道，飛行機，自動車といった新たな移動手段が登場し，モノの輸送コストが大幅に低下した。その結果，生産地と消費地が物理的に離れても，経済活動が可能になったのである。たとえば，イギリスの庶民がインドの紅茶を日常的に楽しめるようになり，トヨタ車が世界中で普及したのはこの時期である。しかし，こうした変化は先進国に産業を集中させ，先進国と発展途上国の間に経済格差を広げる結果をもたらした。

次に，第2のアンバンドリングは，1990年から2015年にかけて起こった。この時期には，ICTの急速な発展が進み，アイディアやデータの移動コストが劇的に低下した。その結果，先進国の製造業が生産工程の一部を海外に移転することが可能となった。たとえば，アメリカや日本の企業が中国に生産拠点を設け，現地の労働力を活用して製品を製造することが一般的になった。このプロセスによって，技術やノウハウが先進国から発展途上国へと移り，賃金や技術の格差が徐々に縮小していった。

さらに，ボールドウィンは2015年以降，第3のアンバンドリングが進行すると予測している。デジタル技術のさらなる進展により，人の移動コストが低下し，サービス業や専門職のタスクが国境を越えて分業される「バーチャル移民」の時代が到来するというのである。たとえば，海外の技術者が遠隔操作で東京にあるロボットを使い，製品の修理を行う「グロボティクス（globotics）」の普及を予測している。このように，サービス分野でもバーチャルなアンバンドリングが進み，結果として世界の格差がさらに縮小していくとしている。

技術の進歩はグローバリゼーションを加速させ，モノ，アイディア，そして人の移動コストを段階的に克服することで，世界経済に大きな変革をもたらしてきた。産業革命からデジタル革命に至るまで，アンバンドリングのプロセスは世界市場の拡大と分業体制に多大な影響を与え続けているのである。

進めている。

以上のように，EMSやODMへの委託は，企業がコアコンピタンスに注力するための効果的な戦略であるものの，その成功には，中長期的な視点を持っ

てリスクや技術のマネジメントを行うことも必要である。

SUMMARY

　本章では，企業が他社と異なる行動を取り，高い利益を生み出す要因としての経営資源や組織能力について取り上げた。ただし，すべての資源や能力が競争優位に結び付くわけではない。そのため，バリューチェーンやVRIOフレームワークを活用して，企業が持つ資源や能力の中で，競争優位をもたらすものを見極めることが重要である。

　さらに，複数の企業が関わる業務の流れが複雑化するなかで，自社がどのような活動に注力すべきかを考える視点も欠かせない。そこで，事業システムやバンドリング，アンバンドリングといった概念を考察してきた。これらの概念を踏まえ，自社のコアコンピタンスを正確に把握し，多角的な視点から戦略を練ることが求められるのである。

EXERCISE

　具体的な製品やサービスを選び，それが顧客に提供されるまでに，どのような企業が関わっているかを調べよう。

読書案内　　　　　　　　　　　　　　　　　　　　　　Bookguide ●

　バーニー，ジェイ・B.（2021）『新版　企業戦略論：競争優位の構築と持続（上）（中）（下）』岡田正大訳，ダイヤモンド社。
　　→従来の競争戦略を中心とした戦略論に，RBVの概念を統合した3部作。
　　　VRIOは上巻の第3章に記述されている。馴染み深い事例も豊富である。
　ボールドウィン，リチャード（2018）『世界経済　大いなる収斂：ITがもたらす新次元のグローバリゼーション』遠藤真美訳，日本経済新聞出版社。
　　→モノの移動からアイディア，人そのものが移動する時代へ。ICTによって「グローバル化」が大きく変わる近未来を，説得力豊かに展望している。

54 ● CHAPTER 3　なぜ同じ業界で成果が異なるのか

CHAPTER

第 **4** 章

どのように ICT は企業の可能性を広げるのか

ビジネスと情報システム

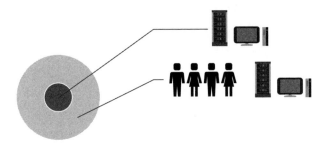

　ICT と企業経営は，切っても切り離せない関係にある。ICT の進展に伴い，その利活用は進化してきたが，流行に振り回されず，地に足をつけた活用が求められる。その一方で，時代の流れに乗らなければ競争から取り残されてしまう危険性もある。
　この章では，企業経営における情報システムの進化を振り返りながら，いかに賢明に活用していけば良いのかを考えていこう。

> **KEYWORD**
>
> データ　　情報システム　　基幹系システム　　DX（デジタル・トランスフォーメーション）

1　情報システムとは何か

┃ データ・情報・知識 ┃

　現在，私たちは「情報革命」の真っただ中にいる。この革命が企業経営に与える影響はきわめて大きく，情報をうまく活用しながら，製品の差別化やコスト優位性を通じて，あるいはイノベーションやビジネスモデルの変革によって，競争優位を確立・維持することは企業にとって非常に重要である。

　そのためには，企業が有する資源や能力が鍵となる。それは，いわゆる「ヒト・モノ・カネ」に限定されるものではなく，とくに「情報」という資源の重要性が際立って注目されている。

　ここでは，「情報」は何かということについて考えてみよう。似たような概念として「データ，知識」があるが，階層的な関係性があるものの厳密には異なる（生稲・高井・野島，2021）。

　まず，「データ」とは，単純な世界の状態の観察の結果である。企業経営に関わることでは，1日の売上高や利益といったものから，企画書の文字，製品のデザイン，社員間のメールなども含まれる。ただし，これらのデータは，単なる事実だけでは意味をなさず，文脈的な意味を持って解釈され，評価されたメッセージが情報となる。

　つまり，「情報」とはデータに対して検討と評価が行われた結果である。たとえば，ある店の1日の売上高の数字は，それが目標や基準と比較して高いか低いかを検討し，その背後に潜む理由を探ることによって，意味ある「情報」となるのである。その結果，情報は意味を持ち，意思決定の材料となる。

　そして，「知識」とは，情報の中で一般性や普遍性があると評価されたものであり，ルーティンやプログラムなどがその代表である。たとえば，1日の売

56 ● CHAPTER 4　どのように ICT は企業の可能性を広げるのか

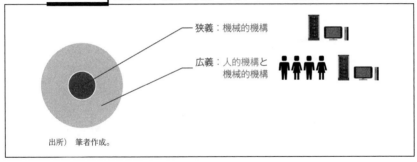

図表 4-1　広義・狭義の情報システムの概念図

出所）筆者作成。

上高の数字に対して，どのようにアプローチすれば，高く保てるのかを検討し，それを実現するための検討チームやチームのウォッチすべき指標（天気や行事など）などを総合的に判断するノウハウが「知識」となる。

つまり，データは素材，情報は加工された素材，知識は情報を解釈する力といえる。ただしこれらは理論的な概念であるため，切り離せない部分も当然ある。そしてこれらの「データ・情報・知識」の収集や管理においてはICTの支援がきわめて有効であり，これを使いこなすことで素早いデータの収集や情報の分析が可能となるのである。

情報システムとは

情報システム（Information System）とは，組織体（または社会・個人）の活動に必要な情報の，①収集，②蓄積，③処理，④伝達，⑤利用に関わる仕組みを指す。

この情報システムは広義と狭義の2つの側面から捉えられる。まず，広義の情報システムは，人的機構と機械的機構から成り立っている。人的機構とは，組織体や社会の仕組みであり，その構成要素には人間や実施手順，規則，制度，法律などが含まれる。一方で，機械的機構とは，コンピュータのハードウェア，ソフトウェア，データベース，通信・伝送装置，保管・蓄積装置，記録媒体などが該当する。狭義の情報システムとはこの機械的機構を指す（図表 4-1）。

情報システムのことを「システム」と略していうこともあるが，そもそも「システム」とは，個々の要素が相互に影響しあいながら，全体として機能するまとまりや仕組みのことを指す。一般的に「情報システム」は狭義の機械的

CHART 図表4-2 セブン-イレブンの情報システム（第6次総合情報システム）

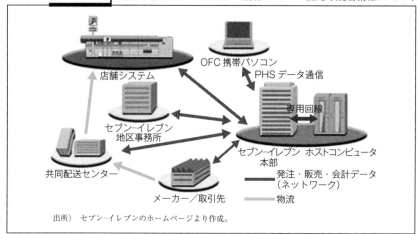

出所）セブン-イレブンのホームページより作成。

機構のみを指すとイメージされることが多いが，「全体として機能する」ために，人的機構も含めた広義の定義が重要であるという理解が必要である。

企業と情報システム

　ここで，実際の企業の情報システムがどのようになっているかを，セブン-イレブンの情報システムの事例を見てみよう（図表4-2）。
　まず，情報の①収集において，POSレジ（Point of Sales）が重要な役割を果たしている。このPOSレジを通じて，どの店舗で，いつ，どの商品が，いくつ，どの商品と一緒に購入されたのかといったデータが収集される。
　次に，情報の②蓄積に関しては，商品ロスを抑えつつ高精度な発注を可能にするため，世界最大規模の情報ネットワークに埋め込まれた情報が蓄積されている。
　その後，③処理の段階では，「蓄積」されたデータが店舗別や日販別など，さまざまな形で管理される。商品別の在庫データとともに店舗のタブレット型端末など，さまざまな場所から閲覧可能である。
　情報の④伝達においては，店舗で収集されたデータが本社だけでなく，メーカーや取引先，共同配送センターとも共有される。ネットワークが店舗と本部の間を結び，大量のデータが迅速にやりとりできる仕組みが整っている。
　最後に，情報の⑤利用に関しては，得られたデータは，各店舗の品揃えや，

お弁当やスイーツなどの商品開発に活用されている。

このように，セブン-イレブンでは，人的機構がPOSデータを中心に情報を活用し，品揃えや商品開発を行い，取引先との連携を構築する一方で，機械的機構は情報を集約する総合情報システムによって全体が支えられている。この事例を通じて，「情報システム」が企業経営と切り離せない関係にあることがわかるだろう。

 情報システムの基本

企業の中の業務と情報システム

企業の業務は，大まかに次の2つに分類される。まず，定型業務は定期的に行われるものであり，経費精算や給与計算，月次レポートなどが該当する。一方，非定型業務は突発的に発生するものであり，新商品の開発や顧客からのクレーム対応などがこれに当たる。

さらに，情報システムを構築する際には，この分類に加えて企業の中核的な業務かどうかを基準に考えることが重要である。基幹系業務は企業の核心的な業務に直結し，バリューチェーンに関連するものである。一方，情報系業務は，企業の活動によって生じる情報を活用した業務である。

これらを整理すると，2×2の図で次のように表すことができる（図表4-3）。

基幹系システムと情報系システム

情報システムは，基幹系システムと情報系システムの2つに大別される。

まず，基幹系システムは，ビジネスの中核業務を効率的にサポートする役割を持つシステムである。具体的には，生産管理，販売管理，購買管理，在庫管理，会計，人事，給与などの業務を支えるシステムが含まれる。これらのシステムを導入する目的は，ビジネスの中核業務を確実に，迅速に，低コストで実行することにある。また，社員が共通の基幹系システムを使用することで業務の標準化も促進される。

基幹系システムの典型的な例として，SAPなどのERP（Enterprise Resource

CHART 図表 4-3　企業の中の業務の分類と情報システム

	定型業務	非定型業務	
基幹系業務	生産管理，販売管理	商品開発	➡ 基幹系システム
情報系業務	顧客管理	売れ筋商品の分析	➡ 情報系システム

出所）魚田（2020），29 頁，をもとに筆者作成。

Planning）システムがあげられる。ERP は「経営資源の統合管理」を意味し，生産や販売などの業務で利用される経営資源を，個別ではなく，企業全体，基幹業務全体で包括的にシステム化し，効率的な管理と利用を目指すものである。

　一方で，情報系システムは，社員同士のコミュニケーションや企業内の情報共有，意思決定を支援する役割を持つシステムである。組織内では日々多くの意思決定が行われており，そのためにデータや情報が必要である。情報系システムにはメール，グループウェア，ナレッジマネジメントのツール，ビジネスインテリジェンス（BI）システムなどがある。たとえば，サイボウズなどのグループウェアシステムは，情報共有やコラボレーションを促進するためのシステムである。

　基幹系システムと情報系システムの違いは，単なる役割だけでなく，信頼性の要求レベルにもある。基幹系システムが停止すると業務が停止してしまうため，きわめて高い信頼性が求められる。対照的に，情報系システムは電話などの代替手段が利用可能であり，常に高い信頼性が必要とされるわけではないといわれてきた。しかし，近年ではリモートワークや顧客とのコミュニケーションで活用されることも多く，その重要度は増している。

さまざまな情報システム

　情報システムは，企業だけでなく身近な組織や社会を支えている。

　多くの読者も利用しているであろう大学の情報システムもその一例である。大学の情報システムは，履修登録を行うシステムと，授業資料を受け取るシステムに大きく分かれているが，これらはそれぞれ異なる成り立ちと目的を持っている。一般的に，履修登録システムは基幹システム，授業支援システムは情報系システムに分類されることが多い。

　医療の現場でも，情報システムが重要な位置を占めている。とくに，電子カ

ルテを中核とした医療情報システムは，患者の健康管理や診療情報の共有においてきわめて重要である。医療情報システム市場は，年間 2600 億円を超える規模となっている。

さらに，情報システムの整備が最も期待される分野のひとつが，行政と公共分野におけるものである。行政機関や公共サービスにおいて，とくに行政の効率化やサービスの充実化のために，情報システムは不可欠な役割を果たすと考えられる。2024 年度の各府省庁の行政システム予算請求額は約 4800 億円と，非常に大きな規模となっている。

情報システムとの向き合い方，学び方

情報システムに関連しない職業や職種に就いている，あるいは就こうとしている人々の中には，自分には情報システムとはあまり関係がないのではないかと思う人もいるかもしれない。しかし，結論からいうと，どのような職業や職種に就こうとも，情報システムに関する学びは必要不可欠である。ただし，その学び方は異なる。

まず，情報システムを利用する（だけの）人々にとっては，まずコンピュータリテラシーが不可欠である。さらに，システムに対して意見を持ち，どのようにすべきか，どのように改善すべきかを考える能力も必要である。

次に，情報システムを自分の仕事に積極的に活用している人々にとっては，コンピュータリテラシーが必須であることはもちろんのこと，さらに，業務に精通し，統計や予測などの手法に関する知識と，ソフトウェアの使い方に習熟していることが求められる。

最後に，情報システムの発案，構築，および運営に携わる人々，つまりシステムエンジニアには，業務やコンピュータ，通信システムなどに精通するだけでなく，それらが関わり合う分野にも精通している必要がある。たとえば，情報システムの視点で情報学，経営学，経済学，社会学，応用数学といった学問も理解している人材が求められているのである。

2 情報システムの基本 ● 61

ビジネスと情報システム導入

経営情報システムの発展の歴史

　ICTの発展により，経営情報システムの利用は進化してきた（図表4-4）。本節では，これまでの経営情報システムの進化を振り返りながら，その本質を見極めることの重要性について考えてみよう。

(1) **EDPS**（電子データ処理システム）

　EDPS（Electronic Data Processing System：電子データ処理システム）は，コンピュータを用いて日常業務の取引データ処理を自動化するシステムである。1950年代後半に登場し，主に会計システムや給与計算システム，販売システムとして導入された。この時期には，IBM System/360などの巨大な組織の基幹情報システムなどに使用される大型コンピュータである「メインフレーム」が普及し，企業の事務処理を自動化するために利用されたのである。

　それまでの会計業務においては，仕訳帳から財務諸表までの転記作業が必要であり，手作業ではミスが生じることがたびたびあった。しかし，コンピュータ化によって，一度入力したデータが自動的に複製され，再集計することができるようになったことにより，作業の効率化やミスの軽減が図られたのである。結論からすると，EDPSは，会計業務をはじめとする定型的な作業の効率化に成功したと評価されている。

(2) **MIS**（経営情報システム）

　MIS（Management Information System：経営情報システム）は，「企業の各管理階層に対してそれぞれの必要性に適応するような情報をいつでもどこにでも提供するシステム」として1968年に日本生産性本部によって定義された。このシステムが話題になった当初，高度なコンピュータとオンラインシステムとを活用して，全社的データベース管理が可能になるとされ，MISは大きな期待が寄せられていた。

　しかし，実際にはこの理念が実現されず，非現実的であるとの批判が生じ，「MISは失敗した」との認識が広まった。その理由として，当時の技術レベル

CHART 図表4-4　経営情報システムの発展の概念図

	1950	1960	1970	1980	1990	2000	2010年
キャッチフレーズ	EDPS 電子データ処理システム	MIS 経営情報システム	DSS 意思決定支援システム	SIS 戦略的情報システム	BPR ビジネスプロセスリエンジニアリング	ERP 経営リソース統合	DX デジタルトランスフォーメーション
代表的技術	汎用機　電卓			オフコン　パソコン LAN　インターネット			

出所）　生稲・高井・野島（2021）より。

では企業情報を一元管理するデータベースシステムの構築が難しかったこと，つまり，全社的なデータベースにすべての情報を蓄積するという発想自体が現実的でなかったことがあげられる。このような状況で高額なコンピュータ投資が行われたものの，期待した結果が得られなかったため，批判が広がったのである。また，同時期に発生したオイルショックの影響で，投資効率に対する風当たりも強まったことも影響している。

MIS の概念を実現するには，コンピュータの進化とともに時代の変化を待つ必要があった。また，企業の業務は数理計算だけでなく，非数値情報や非定型業務も含まれていたため，情報システムの枠組み自体を見直すことが求められたのである。

(3) DSS（意思決定支援システム）

1970年代から80年代にかけて，経営管理層の意思決定を支援する新しいシステムとして，DSS（Decision Support System：意思決定支援システム）が登場した。DSS は，人間の意思決定を「サポート」することを目的としており，経営者に情報や改善された代替案を提供することで，意思決定の質を向上させることが期待された。

DSS の特徴は，従来の考え方とは異なり，非定型的な意思決定を対象としている点である。具体的には，経営者が直面する「半構造的」な問題に焦点を当て，MIS や経営科学的なアプローチでは対処しにくかった問題に対して効果的な支援が行われることが期待された。

DSS のもうひとつの特徴は，対話型処理にある。対話型処理とは，人間と

3　ビジネスと情報システム導入　● 63

コンピュータが対話しながら問題に取り組むスタイルであり、随時修正が可能である。たとえば、「もし、原材料の価格が10%増加したら期末の収支はどうなるか」といった問題をシミュレーションしながら、その結果を提示するという内容である。

このように、経営者の意思決定をサポートすることを目指したDSSは、意思決定の質の向上や組織の運営改善に寄与したと評価されている。

(4) SIS（戦略的情報システム）

1980年代以降、情報システムと経営の関係は大きく変化した。この変化は、企業の「戦略」と情報システムの相互関係がより重視されるようになったことに基づく。

戦略的情報システムとは、特別なコンピュータを指すのではなく、通常の情報システムと同じハードウェア構成を持ちながらも、その使い方や視点が異なる。この概念は、ワイズマンが1970年代に企業のコンピュータ利用を調査している際に生まれた。彼は、企業間の競争において情報システムを戦略的に活用できると考え、それをSIS（Strategic Information Systems：戦略的情報システム）と名付けた（Wiseman, 1988）。

ワイズマンは、実務家の視点から、企業のさまざまな戦略行動を「差別化」、「コスト」、「革新」、「成長」、「提携」の5つに分類し、これを「戦略スラスト（戦略の推進力）」と呼んだ。彼は企業が競争上の優位性を確立するためには、これらの5個の戦略スラスト個々に、または組み合わせることが必要であるとした。そして、「情報システムは、この5つの戦略スラストとして活用できる」と論じたのである。

(5) BPR（ビジネスプロセスリエンジニアリング）

BPR（Business Process Reengineering：ビジネスプロセスリエンジニアリング）は、コスト、品質、サービス、スピードなどの重要な業績基準を大幅に向上させるために、ビジネスプロセスを根本的に見直し、抜本的に再設計する取り組みである（Hammer and Champy, 1993）。

このように、BPRの定義には情報システムの概念は含まれていないものの、実際にはICTの支援が不可欠であり、とくにERPの導入によって業務プロセスが根本的に改善されることが多かった。したがって、情報技術と企業経営の

関係として議論されるのである。

　なお，ERP（Enterprise Resource Planning：企業資源計画）とは，企業の基幹業務を統合し，会計，人事，生産，物流，販売などさまざまな業務を一元化するシステムである。日本では統合基幹業務システムとも呼ばれ，ERPパッケージやERPシステム，業務統合パッケージといった名称でも知られている。1990年代後半には，世界中でBPRのための情報システム構築やコンサルティングが行われ，日本でもERPは大きなブームとなった。

　さらに，日本ではリエンジニアリングの導入が「体の良いリストラ」のキャッチフレーズとして，すり替えられたこともあった。また，ERPシステム導入が目的化され，パッケージソフトへの依存が強まり，本来の業務の見直しがおろそかにされることで，システムが現場の業務と合わずに非効率になるケースも見られた。その結果，ERPが導入されればBPRの効果が得られるという期待が外れ，改革に失敗した企業も多く，結果的にBPRが実用的でないと見なされることもあったのである。

DX（デジタルトランスフォーメーション）とは何か

　近年注目を集めているDX（Digital Transformation：デジタルトランスフォーメーション）は，2004年にエリック・ストルターマンが「デジタル技術が人々の生活全般をより良い方向に変革する」と提唱したことに始まる。しかし，最近では経済産業省の『DXレポート』（2018年）において，「企業が外部エコシステムの急速な変化に対応しつつ，内部エコシステムの変革を進め，第3のプラットフォームを活用して新たな製品やサービス，ビジネスモデルを創出し，ネットとリアルの両面で顧客体験を革新し，競争優位を確立すること」という定義が広く用いられるようになっている。

　なお，DXを，業務のデジタル化の流れにおける用語である「デジタイゼーション」，「デジタライゼーション」に続くものとして見る流れもある。第4節では情報システムの発展の歴史を見てきたが，ここでは，それらとの関連性を整理してみよう。

　まず，「デジタイゼーション」はアナログな情報をデジタル化することを指す。具体的には，紙の書類から電子書類への変化やフィルムカメラからデジタ

ルカメラへの移行が該当する。これは EDPS の時代に相当する。

次に、「デジタライゼーション」は、サービスや業務プロセスをデジタル化する概念である。郵便からメールへの変化などがこれに該当する。これは MIS や DSS の時代に可能となった変化である。

そして、「デジタルトランスフォーメーション」では、デジタル化を通じて競争上の優位性を築くことが強調されている。たとえば、Uber や Airbnb などの事例があげられる。この概念は、実は、SIS や BPR で提唱されたアプローチと酷似している。

技術が進歩するにつれて、可能性が広がり、それに伴い「流行」が生まれることがある。しかし、重要なのはその時々の技術の進歩だけでなく、社内外の本質的なニーズを見極めたうえで、情報システムの導入を慎重に検討することである。流行に振り回されることなく、本質をしっかりと見つめることで、企業にとって本当に有益な変革をもたらすことができるのである。

2025 年の崖に立ち向かう

「2025 年の崖」とは、先に示した『DX レポート』で提示されたキーワードで、DX の推進が進まないと 2025 年以降に大きな経済損失が発生する可能性を警告したものである。

多くの企業がデジタル技術の活用の重要性に気づいているものの、実際にはどうすれば良いのかを見極めることができていない。また、既存のシステムが老朽化・複雑化・ブラックボックス化しており、足かせとなっている。さらに、2025 年までに IT 人材の不足が約 43 万人にまで拡大する見込みであり、多くの企業で利用されている ERP の代表的製品である「SAP（同名のドイツ企業の製品）」の標準保守期限が 2025 年末で終了する（その後、2027 年末まで延長されることとなった）ことなど、2025 年までに解決すべき課題が山積している。この状況が改善されない場合、経済損失が 2025 年以降、最大で年間 12 兆円に達する可能性があり、このことを指して「2025 年の崖」という表現が用いられたのである。

実際に Google トレンド「Digital Transformation」と「デジタルトランスフォーメーション」の検索頻度の動向を比較すると、日本が遅れていることが

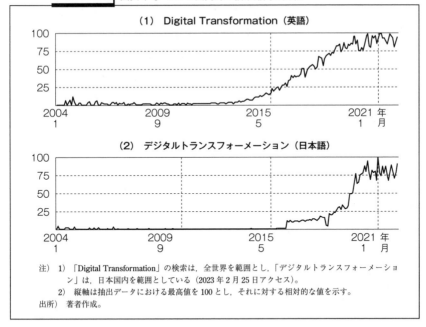

図表 4-5　DX の国内外の検索動向の比較

(1) Digital Transformation（英語）

(2) デジタルトランスフォーメーション（日本語）

注）1)「Digital Transformation」の検索は，全世界を範囲とし，「デジタルトランスフォーメーション」は，日本国内を範囲としている（2023 年 2 月 25 日アクセス）。
2) 縦軸は抽出データにおける最高値を 100 とし，それに対する相対的な値を示す。
出所）著者作成。

明らかである（図表 4-5）。英語では 2004 年から関心が高まり，2014 年ごろから本格的な動きが見られるが，日本は 2 年ほど遅れた 2016 年ごろに初めて動き始め，本格的に立ち上がったのは 2020 年だった。

DX の定義通り，内部エコシステムの変革を進めつつ，プラットフォームを活用して新しい製品やサービス，ビジネスモデルを実現する必要はあるが，現状では十分に達成されているとはいえない。しかし，何よりも本質を見つめ，将来に出てくるであろう「キャッチフレーズ」にも翻弄されることなく，適切に対応していくことが重要である。

4 情報化が経済に与える影響

「産業の情報化」と「情報の産業化」

ここまで見てきた情報化の進展は，経済に 2 つの重要な影響をもたらしている。ひとつは「産業の情報化」であり，もうひとつは「情報の産業化」である。

「産業の情報化」とは，情報技術を活用して生産や業務プロセスを改善し，生産性を向上させ，競争力を強化することを意味する。たとえば，自動車メーカーがロボットやAI技術を導入し，製造プロセスを自動化することで，生産性を大幅に向上させることができる。また，小売業者がPOSシステムを導入することで，在庫管理や販売管理の効率化が進み，コスト削減や生産性向上が実現するのである。

　一方で，「情報の産業化」とは，情報を商品として提供し，収益を得る産業を指す。たとえば，ウェブサイトやアプリの開発，ソフトウェアの販売，デジタルコンテンツの配信などがこれに該当する。これらの産業は，情報技術を駆使して生み出された商品やサービスによって成り立っている。

　「産業の情報化」は，企業に「競争優位」をもたらす。まず，事業システムの変革は，モノやヒトの流れを大きく効率化する。たとえば，「トヨタ生産方式」は，ICTの支援なしでは成り立たない。また，ICTによって製品やサービスに付加価値が加わり，新しいビジネスモデルが生まれるといったこともある。たとえば，携帯電話事業におけるスマートフォンアプリの登場がその一例である。さらに，ICTによって新しい収益モデルが確立されるといった例もある。たとえば，iTunesやApp Storeの事例のように，ハードウェアだけでなくソフトウェアも含めた総合的なプラットフォームが構築され，大きな市場を確立した。

　一方の「情報の産業化」も，さまざまな分野で急速に進展し，新たな企業の誕生にもつながっている。たとえば，動画配信サービスは通信の高速化と低価格化の背景を受け，急速に拡大している。また，医療データサービスでは，医療ビッグデータの活用により，がん治療体制の整備や遺伝子情報解析による「オーダーメイド治療」の普及が進んでいる。さらに，3Dデータの分野では，3Dプリンタによるモノの製作といったものから，メタバース向けのアバター市場といった新しい分野も拡大している。

┃ 2つの情報化：日本と米中との比較 ┃

　1990年代までの日本では，「産業の情報化」と「情報の産業化」の両方が，経済発展において重要な役割を果たしていた（小野崎，2022）。しかし，2000年

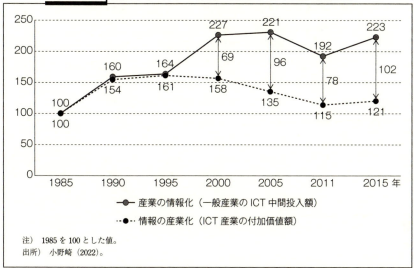

図表4-6 日本の「産業の情報化」と「情報の産業化」

注) 1985を100とした値。
出所) 小野崎 (2022)。

代以降を見ると，アメリカと中国では両者が急成長を遂げる中でも「情報の産業化」がとくに進展したのに対し，日本では両者が伸び悩む状況が続き，とくに「情報の産業化」がきわめて低調なままであった（図表4-6）。

2000代以降，アメリカや中国は「産業の情報化」に加え，急速に「情報の産業化」を進展させることで，GAFA（G：Google，A：Apple，F：Facebook〔2021年に社名をMetaに変更〕，A：Amazon）やBAT（B：Baidu〔バイドゥ〕，A：Alibaba〔アリババ〕，T：Tencent〔テンセント〕）といった企業に代表されるようなグローバルな競争力を高めた。これに対して，日本が両者の進展で遅れをとった背景には，技術革新や新たなビジネスの台頭が他国に比べて緩やかであったこと，そしてビジネスモデルの変革が遅れたことが考えられる。

日本はこの結果を踏まえ，今後，新たな戦略や政策を展開し，両者の連動を強化することで，経済の持続的な成長を目指す必要があるだろう。

SUMMARY

企業と情報システムは切り離せない関係にあり，技術の進歩によってその可能性が広がり続けている。過去を振り返ると，新たな流行が次々と生まれる中で，ただそれに追随するだけではなく，本質を見極めた導入が重要であることがわかる。と

くに現代の厳しい競争環境では,製品やサービスの魅力を高めるだけでなく,他社を上回るための戦略的な思考が不可欠である。流行に流されるのではなく,本質を理解し,そのうえでの戦略が求められている。

また,日本では他国に比べて技術や経済の進展が遅れている面が指摘されており,現状を正しく把握することが重要である。経済環境や技術の進歩に対応し,常に競争力を保つためには,持続的で戦略的な取り組みが必要である。

EXERCISE

企業の情報システムがどのように活用されているか,具体的な事例をさがしてみよう。可能であれば,どのような効果があったのかも説明してみよう。

読書案内　　　　　　　　　　　　　　　　　　　　　　　　　Bookguide

生稲史彦・高井文子・野島美保(2021)『コア・テキスト　経営情報論』新世社。
　→本章第3節の経営情報システムの進化について詳述。卒論や修論でこの分野を研究する方におすすめ。

CHAPTER

第 **5** 章

情報システムをいかに開発するのか

基本的な開発プロセス

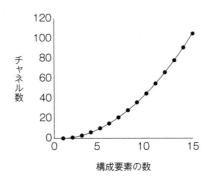

　現在の企業を経営するうえで何らかの情報システム（経営情報システム）は欠かせない。では，経営情報システムはどのようにして開発されるのだろうか。本章では，情報システムを含む，ソフトウェア全般の開発における難しさを確認したうえで，2つの基本的な開発の進め方（開発プロセス）を学ぶ。情報システムを使う立場に立つとしても，それがいかに作られるのかを知ることで，より良いシステム開発を実現できるだろう。

```
KEYWORD
```

ウォーターフォールモデル　　アジャイル　　複雑性　　アーキテクチャ　　ステークホルダー

1 情報システムおよびソフトウェアの主な開発プロセス

　本章では情報システム，とくにソフトウェアのその開発プロセスを取り上げる。現在，さまざまな企業でDXの取り組みを進めたり，ERPのシステムをどう再構成するかを考えたり，あるいは社員の情報共有の仕組みをどうするかを考えて，実行している。そのときに，自社に合った情報システムを導入することになる。当然そこには何らかのソフトウェアや，あるいは何らかの情報システムを構築する必要がある。それは，場合によってはまったくの新規に（フルスクラッチで），システムを開発することになる。

　こうした情報システムを，どういうプロセスで開発をしていくのかに関しては，学術的にも実務的にも積み重ねがある。情報システムの開発プロセスを考えるときに，ひとつの基礎となるのが，ウォーターフォールの開発プロセス（ウォーターフォールモデル）である。ウォーターフォールモデルでは，要件定義，設計，実装，テストといった一連の活動を，あたかも，水が流れ落ちるように順々に工程を進める。ウォーターフォールモデルでは，初めに要求のスコープすべてに対して機能を検討し，機能を実現するために必要なデータと処理方法を決定し，プログラミングをして，システムの挙動をテストすることで，利用可能な情報システムを構築する。すべての機能要求を一通り全部出し切って分析した後に，それを実現するよう設計し，実装していくという開発の進め方である。

　それに対してアジャイルモデルと呼ばれる情報システムの開発の進め方もある。アジャイルモデルでは，情報システムを小さな単位に分け，その小さな単位で要件定義，設計，実装，テストという活動を進め，しかも小さな単位での開発活動をほぼ同時進行で進める。小さな単位での開発活動を同時並行で，か

CHART | 図表5-1　情報システムおよびソフトウェアの主な開発プロセス

要件定義 (requirements analysis)	・ステークホルダーの要求を集めて分析し，仕様を決める →what に着目
設　計 (design)	・要求仕様を実現するための，アーキテクチャ，ソフトウェア構造，データ構造などを定義する　→how に着目 ※最初から how に囚われすぎると，本当に解決すべき what を見失いがちになるので，要件定義では what のみに着目する。
実　装 (implementation)	・設計仕様に基づき，プログラムを作成する
テスト (testing) …validation & verification	・プログラムが仕様通りに動作することを確認する　→検証 (verification) の観点 　Did I build the product right?　〜正しく作ったか？ ・ニーズが満たされていることを確認する　→妥当性確認 (validation) の観点 　Did I build the right product?　〜正しいものを作ったか？

つ，繰り返すことで，スコープとも呼ばれる実現したい機能を徐々に広げ，情報システム全体に求められる要求を最終的に達成していく開発の進め方である。

　本章では，ウォーターフォールモデルとアジャイルモデルを紹介し，情報システムを構築するときの基本的な考え方や課題を学ぶ。良い開発プロセスを実現することによって，作り上げられる情報システムという成果物が良くなると考えることが基本である。

ウォーターフォールモデル

　情報システムの開発を考えるときに，基本となるのがウォーターフォールモデルもしくは，ウォーターフォール開発と呼ばれる進め方である。ウォーターフォールという言葉は，1979 年ぐらいから使われるようになった。あたかも，まさに滝で水が流れ落ちるように，上流工程から下流工程に向けて情報システムに関わる要求や技術情報，プログラムなどを流し，情報システムを作り上げていく。

　ウォーターフォールモデルでは，最初に情報システムの要件を決め，それに沿って仕様を決める。仕様に沿って設計書を決めて実装を行い，設計書に沿っ

てプログラムを書いて，稼働可能なシステムを作る。最後にテストを行って，情報システムが当初の要件で想定した機能を果たすのかを確かめ，実用に供する。以下，主要な4つの活動を順番に，より詳しく見ていこう。

(1) 要件定義 （requirements analysis）

情報システムの上流の要件定義と呼ばれる段階では，情報システムでどのような機能を実現したいのかを決める。具体的には，どのような機能を果たし，どのようなデータを使い，どのくらいの負荷や同時アクセスに耐えることができ，画面（UI：User Interface）はどのようなデザインなのかを決める。これら情報システムに求められる要件は仕様と呼ばれる。

たとえば，画面の設計だけを取り上げても，たくさんの要求がある。仕様を決めるときに検討する項目を要求事項というが，複数の要求事項（requirements）を集めて，どの要求事項を要件定義に，情報システムに盛り込むかを分析することは要求分析（requirements analysis）と呼ぶ。なお，ニーズ，要求，要件，仕様に関する違いを論じる場合もあるが，本書では要件という言葉がこれらの語をカバーすると見なす。

この段階で分析が必要とされるのは，要求事項を集めてみると，要求事項同士が矛盾していたり，要求事項が不十分にしか書かれていなかったり，あるいは要求事項が間違っていたりすることがあるからである。したがって，集めた要求事項を，「これは本当に全部実現しなければいけないのだろうか」あるいは「実現することが正しいのだろうか」，「複数の要求事項を同じ情報システムで実現することは可能だろうか」という観点で検討し，分析する必要がある。要件定義は，個々の要件を決めることが強調されがちだが，ステークホルダーのニーズや要求を集め，それを分析して，情報システムの仕様を決めるという分析と決定の一連の流れが重要である。すなわち，情報システムは何を実現するのか，という what に焦点を当て，そのためにステークホルダーの要求を集めて分析し，仕様を決める。

要件定義の段階は，情報システムの開発をスタートするときに，その通りのシステムを作れば良いと見なせる仕様書を確定することを目指す。「こんなことができればいいな」と思っているニーズやニーズを言語化した要求事項を集めるだけではなく，いろいろな人の要求事項を分析して優先順位を考え，開発

Column ❷ ステークホルダー

　ステークホルダーは利害関係者と訳される。情報システムの開発におけるステークホルダーには，そのシステムに関連する人や企業が含まれる。より具体的には，開発者や，システムを利用するエンドユーザなどである。

　ステークホルダーは多様な人々，さまざまな立場を含むので，彼らが情報システムに寄せるニーズは多岐にわたり，多様になる。したがって，ステークホルダーの要求を集めるだけではなく，それらを分析し，何を作るのかを決めることが重要になる。それは，情報システムは何を実現するのかというwhatを決めることの重要性であるともいえる。

する情報システムの要件を決める。この段階で，多くの，多様なステークホルダーのニーズ，要求事項を分析し検討することはとても重要であり，それが不十分であると，使い勝手の悪い，あるいは役に立たないようなシステムを作り上げてしまう。要件定義の段階では，言われたことをそのままやれば良いわけではなく，本当に解くべき問題は何なのかを考え，本当にその解くべき問題を適切に見極めることが求められる。

(2) 設計 (design) と実装 (implementation)

　設計の段階では，要件定義で定めた仕様を実現するための，情報システムのアーキテクチャ，ソフトウェア構造やデータ構造などを定義する。ここでは，いかに要件定義で決めたことを実現するのかというhowに焦点を当てる。すなわち，決めた仕様をどのような方法で実際のシステムにしていくのかを決める。要件定義と設計の段階を分けることは重要である。情報システムで何を実現するのかというwhatを決める最初の要件定義の段階で，それをいかに実現するのかというhowを意識しすぎると，実現手段に引きずられてしまい，本当に実現したいことを表しきれない可能性があるからである。

　設計段階でアーキテクチャや各種の構造が決まると，次に，実装の段階に移る。実装段階はインプリメンテーションとも呼ばれるが，要件定義を踏まえて設計段階で決定した仕様（設計仕様）に沿ってプログラムを書く。

　設計および実装の段階についてはソフトウェア工学の分野に豊富な蓄積があ

1 情報システムおよびソフトウェアの主な開発プロセス　● 75

る。ここでは，そのいくつかを紹介する。ひとつは，データの構造を含めたアーキテクチャの考え方がある（Column❸参照）。

　また，プログラムを書く際に，ロジックおよびデータを含むモデル（model：M）と，画面の表示であるビュー（view：V），そして，利用者がキーやマウスなどを使った入力によってシステムを制御するコントロール（control：C）を分けて考えることも有用である。この3つの要素に分けるMVCフレームワークは，1980年代に確立された考え方である。そして，プログラミングにおいて，ロジックとデータを分ける考え方も重要である。MVCフレームワークに則った3つの領域を分け，そして，モデルにおいてロジックとデータを分け，それぞれに対応するファイル単位で考えることで，情報システムの全体像の見通しが良くなり，美しいプログラムを書く可能性が見えてくる。

　美しいプログラミングをして，情報システムを作り上げるメリットはいくつかある。そのひとつは，プログラミング段階での分業が容易になることである。情報システムを適切な複数のファイルに分け，それぞれの作業を並行して進める分業ができれば，プログラミングの目的が明確になる。さらに，問題が起きたときにその原因を見つけやすくなる。これは，次に述べるテストの段階の効率性，迅速さを左右することになる。

　情報システムを含むソフトウェア開発において，よく言われているのは，「良い品質は良いプロセスから，品質の良いプロダクトは良いプロセスから」という格言である。良い情報システムを構築したい，良いプログラムを書き上げたいと考えるならば，そのプロセスを良いものにしていくことを考えるべきである。

(3)　テスト（testing）

　プログラムを書き上げたら，それをテストする。プログラムを書き，そのまま運用することはほぼなく，情報システムが動作するかどうか，正しく稼働するかどうかを確認することが必要であり，そのための段階が テスト（testing）である。テストについては，2つの視点が重要である。それは，プログラムが仕様の通りに動作することを確認する検証（verification）の観点と，情報システムに求められてきた機能やニーズが満たされていることを確認する妥当性確認（validation）の観点である。

Column ❸ アーキテクチャ

アーキテクチャは設計思想と訳される。アーキテクチャは，情報システムの構成要素をいかに設計するか，どのような考え方で設計をするのかを含む。元来は，建築の用語であり，建築の様式や構造を指していたが，情報システムの文脈でも使われるようになった。たとえば，スマートフォンはクライアント・サーバというアーキテクチャを前提にしており，スマートフォン上である程度の処理は実行するが，その他の処理は通信でつながるサーバ側で処理をすることで，処理能力や処理速度を高める。この場合，比較的処理能力が低いスマートフォンの端末はなるべく負荷を軽くして，重たい処理はサーバで行うことで，全体としてのパフォーマンスを高めようという考え方に立っている。反対に，近年のエッジコンピューティングでは，通信の遅延などを考慮してサーバ側の処理を少なくし，スマートフォンを含むユーザ側のデバイスに処理を配分する考え方である。

アーキテクチャを考えるときに，単に情報処理の構造を考えるだけではなく，その設計の背後に潜んでいる考え方まで踏み込んで考えることが重要である。情報システムに対する要求（what）を，どのようなアーキテクチャに基づいて実現するのかを考えて設計し，実装することによって，仕様を確実に実現することができ，かつ長い期間にわたって運用可能なシステムを作っていくことを考える。これは，要求仕様に応じたプログラムを書くだけではない，情報システム構築における重要な検討課題である。

検証は「正しく作ったか（Did I build the product right?）」を確かめることである。情報システムが，設計に先立って書かれた仕様の通りに動作をしているかを確認する。妥当性確認は「正しいものを作ったか（Did I build the right product?）」を確認することである。自分たちが欲しかったシステムを作れたのか，作りたかった情報システムと，作られた情報システムの適合性を確認する。そのためには，いろいろなユーザに実際に使ってもらってその使い勝手を見るユーザビリティの検証などが行われる。

要件定義の本来の役割からすれば，仕様は欲しかった情報システムを反映しているはずであるから，仕様とできあがった情報システムの適合性を確認する検証のみで十分であるはずである。しかし，現実にはそうはいかない。原則と

して，作成したプログラムを実際に動かし，検証と妥当性確認を行う。テストといってもさまざまな目的とレベルがある。大きく分ければ検証と妥当性確認に分けることができる。なお，テストではプログラムを動作させないテストもないわけではない。たとえば，設計仕様書を目で見て正しいかどうかを確認しレビューをするスタティックテスティング（static testing）という方法もある。

ウォーターフォールモデルのメリットとデメリット

ウォーターフォールモデルにしたがって，実際に情報システムを構築すると，しばしば，要件定義が終わって設計に進み，実装に入ってからいまいちど設計に戻る，やり直しが必要な場合がある。ただし，ウォーターフォールはまさに水が流れ落ちるように逆戻り，手戻りをしてはいけないと思われているが，原点に立ち戻ればそうではない。1979 年に発表されたウォーターフォールモデルの原点ともいうべき論文では，隣接する段階の間では手戻りをすることを想定している。すなわち，1 つ先の段階に進んで考えを深めてみた結果，やはり1 つ前の段階に戻って考え直すことを許容し，そうした段階と段階の間の進行と手戻りを繰り返しながら少しずつ進んでいく開発プロセスを提唱している。そこで問題とされているのは，ある程度先まで開発プロセスが進んでから，複数の段階を遡る大きな手戻りで，それを避けた方が良いということである。隣接する段階の間で行ったり来たりするのは仕方がないが，複数の段階を飛び越す手戻りは避けた方が良いと考えるべきである。

こうした手戻りを見越した柔軟性を認めたうえで，ウォーターフォールモデルの良さとは何だろうか。第 1 に，計画を立てやすいことがある。いつまでに要件定義を終えていつから開発者を集めるか，いつから設計作業をするか，いつからどれほどのプログラマーを集めて実装作業するかといったタイミングと人員配置が計画しやすい。第 2 に，計画に照らして，現在の作業がどのぐらい進んでいるのかを確認し，管理する進捗の管理が比較的容易である。

他方，ウォーターフォールの大きなデメリットとして，動作可能な成果物がすぐに得られないことがあげられる。そのため，実際に動作可能な情報システムができあがり，使う段階になって初めて，本当に欲しかったのはこれではないと気づくことがある。この問題をいかに解決するか，という問題意識から，

アジャイル開発などの新しい開発プロセスモデルが登場してきたといえる。

ソフトウェア開発の難しさ

　前節のように，情報システムの開発を進めたとしても，その開発プロジェクトが常に成功するわけではない。少し前の調査になるが，システム開発のプロジェクトで成功したプロジェクトは3割未満だともいわれている。

　また，情報システムの開発プロジェクトの成功といっても，いくつかの観点で捉える必要がある。一般には，情報システムのQCDで評価する。すなわち，情報システムの品質（Q：quality），開発に要した費用（C：cost），開発が完了するまでの期間（D：delivery）という3つの観点である。これらをすべてを満たす情報システムを開発することは，容易ではない。

　では，なぜ情報システムの開発は難しいのだろうか。それは，複雑性，不可視性，物理的制約のなさ，変更のしやすさといった特性が，ソフトウェアに備わっているからである。ここで複雑性とは，大規模になるに伴い，情報システムを構成する要素間の関係の数が加速度的に増していくことである。また，不可視性は，ソフトウェアが複雑な概念の集積であり，その論理や出来映えを目で見て確認することができないし，開発経緯の情報も残りにくいことを指す。また，物理的制約のなさとは，体積や重量といった事情のために成果物の規模が一定に留まることがなく，それゆえ，適切にコントロールしないと，非常に大規模で複雑なものを作ってしまうことを指す。最後に，変更の容易さは，開発プロセスのどの段階でもプログラムを書き換えられることを指す。以下，より詳しく，ソフトウェアに備わる特性とそれがもたらす課題を考えていこう。

▍複雑性：ソフトウェアの要素と関係性

　ソフトウェアは規模が大きくなると，それを構成する要素が増える。それとともに，その要素の間の関係の数が加速度的に増える。

　一般に，プログラムを書くときには，関数などの構成単位という単位で切り分け，全体を複数の要素に分解する。たとえば，カーナビゲーションシステム

のソフトウェアであれば，ユーザからの入力を受け付ける処理をする構成要素，ルート探索をする機能，通信する機能，自動車の位置を把握する構成要素などに分けて開発をする。最終的に，カーナビゲーションシステムは，さまざまなシステムを構成する要素が互いに連携しあい，動作する。

　このとき，アーキテクチャが重要になる。アーキテクチャとは，ソフトウェアや情報システムの全体をどのように構成要素に分解し，構成要素間の関係性を決める設計の思想である。もし適切でないアーキテクチャを前提にソフトウェアを開発すると，ひとつの構成要素が複数の他の構成要素に影響を及ぼし，構成要素の間の関係性が入り組んでしまい，開発するにも，テストをするにも，保守メンテナンスをするにも難しい成果物ができあがってしまう。なぜなら，ある構成要素を変更することが，他の多くの構成要素に影響を与えてしまい，その影響を考慮して変更を加えることが必要になるからである。極端な場合，すべての構成要素の間で，頻繁にやり取りがなされるソフトウェアになってしまう。

　同時に，開発対象の構成要素のやり取りが頻繁になることは，その開発を担当する人のコミュニケーションも頻繁になり，コミュニケーションのチャネルの数が加速度的に増えていく（図表5-2）。このようにして複雑になる開発対象や開発組織は，マネジメントすることが難しい。

　こうした問題を避けるために，アーキテクチャを良いものにする必要がある。そのひとつの有力な方法は，モジュール化である。モジュール化とは，システムの機能単位に着目し，その機能単位ごとに構成要素を分割することである。機能単位と対応した構成要素を事前に設定し，システム全体をモジュールの組み合わせとして実現できるようにする。モジュール化を適切に進めることによって，構成要素の間の相互作用が減り，他の構成要素を開発するチームとのコミュニケーションの必要性も減る。なぜなら，特定の機能単位を担う構成要素が，他の機能単位を担う構成要素に影響を与える頻度や重要性が減るからである。現在の大規模システム，1000万行を超えるような超大規模プログラムの場合，モジュール化を適切に行い，複雑性を下げ，開発プロジェクトをマネジメントできる範囲に留めることが重要である。

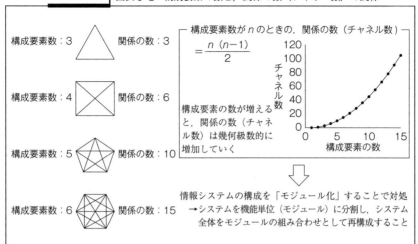

図表5-2 構成要素の数と，関係の数（チャネル数）の関係

不可視性

第2に，ソフトウェアはその中途の段階でも，最終段階の出来栄えも目に見えない。すると，ハードウェアであれば，目で見て仕上がり具合や残りの作業，出来映えを判断することができるが，ソフトウェアではそれができない。そのため，ソフトウェアの場合は「できました」と思っても，いざテストしてみたら全然動かず，作り直したり，追加でプログラミングをしたりということが起こりうるのである。

物理的制約のなさ

ソフトウェアは，大きさや長さ，重さなどの物理的な制約を受けない。論理の世界だけでできあがる，論理的な構築物である。たとえば家電などのハードウェアが，家電であればこのぐらいの大きさで，このぐらいの重さでないと使い物にならない，といった大枠を決められる必然性と場面があるが，ソフトウェアにはそうした大枠がない。したがって，物理的制約を気にせず，いくらでも複雑なものを作ることができてしまう。

ソフトウェアが一定の規模を超えて，管理しきれない成果物にならないためには，デザインパターンと呼ばれる設計上のルール等を決め，制約を課すこと

が必要になる。

変更のしやすさ

　ソフトウェアは，いつでも書き換えができる，すなわち，変更のしやすさもある。ウォーターフォールプロセスの最後の段階，開発の終盤であっても，プログラムを書き換えることができる。これは，ハードウェアではできないことである。

　このような特性があるため，いつまでもソフトウェアを変更し続けてしまい，開発期間が延び，開発コストが嵩むことが起こる。あるいは，ハードウェアと組み合わせて使うソフトウェア（組込みシステム）で，ハードウェアの問題を解決するためにソフトウェアを変更する状況も生じうる。

要求を言語化することの難しさ，コミュニケーションロス

　ソフトウェアは論理的構造物であり，目に見えないために，どのようなニーズに応えているのか，情報システムに求められている要件をシステムが実現しているのかを確認することが難しい。さらに，それを言葉で表現し，利用者から開発者へ，開発者から利用者へ，伝えることが難しい。システム開発で実現したいものを明確に表現するのは，非常に難しい。また，ソフトに限った問題ではないが，利用者が欲しいものはいざ目の前にしてからでないとわからなかったり，使ってみないとわからなかったりすることがある。ソフトウェアではそのような確認がとくに難しい。この点にも注意が必要である。

アジャイル開発

アジャイル開発とは何か

　1980年代，90年代から，ウォーターフォールモデルの問題や欠点が議論されることが増えた。それとともに，ウォーターフォールモデルとは異なる開発の進め方が模索された。そのひとつが，アジャイル開発と呼ばれる考え方である。

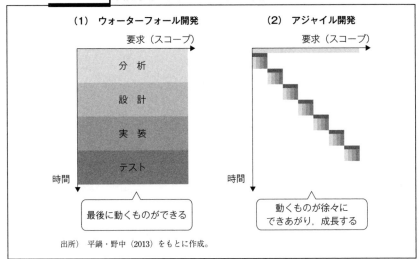

　アジャイル開発とウォーターフォールを比べてみよう。

　図表5-3の(1)のウォーターフォール型は，要件定義，設計，実装，テストというように時間の中で縦に流れていく。このときに，情報システムに求められる要求，すなわちスコープは情報システムの開発プロジェクトで実現したい事柄のすべてを含む範囲を，最初から想定している。開発プロジェクトで実現したい機能，要求の範囲のすべてを最初に確定し，一度に設計し，テストに至る。

　他方，(2)のアジャイルでは，左上から要件定義，設計，実装，テストがほぼ同時進行で進んでいく。さらに，最初の段階では，小さく情報システムの一部を作っており，それは情報システム全体で実現したいと思ってるところの一定の範囲だけを作り上げる。この(2)図を横方向で見ていくと，徐々に機能が増え，スコープが広がっている。これは，限られた時間の中で動作可能なシステムを目の前に出し，顧客に使用してもらい，そのうえで，追加の要求と機能を受け入れながら情報システムを徐々に成長させていくことを意味している。すなわち，動くものが徐々にできあがり，成長していく。

　なお，アジャイル開発では，イテレーション（iteration）がキーワードになる。日本語でいえば反復であり，ひとつの情報システム開発プロジェクトにおいて，

要件定義と設計，実装，テストを繰り返すことを表している。

アジャイル開発のメリットとデメリット

では，アジャイル開発を実行するメリットは何だろうか。これは，ほぼウォーターフォールの裏返しである。第1に，動作可能なシステムがすぐに手に入る。第2に，顧客の要求や意見を聞きながら情報システムを成長させていくので，変化に対して柔軟に対応できる。さらに，結果的に開発のスピードを早めることができる。したがって，迅速性を求めるとき，環境の変化が速くて柔軟性が要求されるときにはアジャイル開発の利点が発揮される。

ただし，デメリットもある。ウォーターフォールのメリットであった計画の立てやすさは失われる。すなわち，どれくらいの時間とどれほどの人員を投入して情報システムを構築できるのかが，初期の段階で見通しにくい。

このように，ウォーターフォールとアジャイル開発は，それぞれ一長一短がある。過度にウォーターフォールを否定し，アジャイル開発を推進すれば良いというわけではない。むしろ，アジャイル開発に含まれる価値観に着目しよう。それは，アジャイル開発を提唱した人たちがまとめた「アジャイル・マニフェスト」に現れている。

ウォーターフォールでは，仕様書をはじめとする文書をたくさん作り，その文書に書いた内容を実現しようとする。結果，膨大なドキュメントが積み上がる危険性がある。他方，アジャイル開発では，動くソフトウェアに重点を置く。実際に目の前で動作するものをいかに早く，準備していくのかを重んじる。また，情報システムの開発に関する計画の重視も異なる。ウォーターフォールでは計画を重視するが，アジャイル開発は，むしろ世の中がどんどん変わっていくので，その変化にいかに対応するかを重視する。

このような2つの開発モデルが重視する事柄や要素を踏まえると，両者の違いは力点の置き方をどこに置くのかにあるといえる。アジャイル開発では，対応を重視しながら，動作するシステムを実際に見ながら開発を進めていく，計画も大事だが変更があったらどんどんそれを受け入れていこうという考え方に力点を置く。

このような価値観，力点の置き方に遡ると，アジャイル開発を範とする考え

84 ● CHAPTER 5 情報システムをいかに開発するのか

方が，ソフトウェア開発以外にも応用できることが見通せる。実際，ソフトウェア開発はもちろん，企業の業務を進めるときにもアジャイル的な考え方が広がってきている。

アジャイル開発の具体的な姿

　アジャイル開発はソフトウェアや情報システムなどを開発するときの考え方であるので，それを具体的にいかに進めるのかについては，複数の方法がある。ここでは，スクラムと呼ばれる開発方法を紹介する。スクラムの考え方の源には，1984年の野中郁次郎の論文がある（Takeuchi and Nonaka, 1986）。野中は，日本企業の新製品開発活動の事例に基づいて，情報をやり取りしながら開発を進める手法をラグビーのボール回しにたとえ，新しい製品開発スタイルのコンセプトを提示した。それがソフトウェア開発に応用されて，スクラムと呼ばれる開発スタイルが作り出された。

　スクラムでは，毎朝，開発チームのメンバーが集まり，前日行った作業や当日の作業などを確認する。たとえば，開発において何に取り組むのかについて話し合う。スクラムの開発では，顧客はシステム開発に関し，自身の要求を提示するだけではなく，開発活動の主要なメンバーのひとりとして加わる。

　これは，ウォーターフォール開発モデルで情報システムを開発するときに，ユーザ企業の人達が実現して欲しいシステムの要求を考え，開発チームに伝えた後は，開発活動にほぼノータッチになってしまう場合とは大きく異なる。スクラムを含む，アジャイル開発のスタイルでは，1回1回のイテレーションにユーザ企業の人も加わり，設計や実装をする開発者達と話し合い，責任を持って関与する。言い換えれば，開発活動を通じてできあがる情報システムが，ユーザである自分たちの業務にとってどのような意味を持ち，どのような価値があり，いつからそれを使えるようになるのかが大事だということを理解し，開発の中に入り込んでいく。その際，開発活動そのものに携わらないとしても，設計や実装などを行う人々とコミュニケーションを頻繁に取りながら開発を進めていく。このような開発に対するユーザの関与の仕方の違いが，ウォーターフォールとアジャイル開発の間にはある。

3　アジャイル開発　● 85

SUMMARY

アジャイル開発において，ユーザ企業の担当者が開発に関わることで，使いやすい，業務に即した情報システムを作り上げることを狙っているように，情報システムの開発では，対話が重要である。ややもすると，情報システムは，1人で黙々と自分に割り当てられた作業をし，自分の仕事が終わったら次の人に渡すイメージを持ちがちである。だが，実際にはそうではなく，顧客はもちろん，開発者同士，テスト担当者などと継続的に対話をしながら，作り上げる情報システムの機能や仕様を確認しながら開発を進めることが重要である。なぜなら，仕様を決めた後に対話をせずにバラバラに開発を進めた結果，当初の要求とはかけ離れた情報システムを作ってしまうことがあるからである。それを避けるためにも，開発の過程で対話を続け，いかなる情報システムを作り上げるのかを考え，それを実現していくことに価値がある。

加えて，情報システムを作るプロジェクトは，唯一無二の成果物を作る期間限定の業務である。変化がない定型業務（同じような作業を繰り返し実施して同じようなアウトプットを達成する業務）ではなく，1個1個のプロジェクトはそれぞれが独自の業務，非定型業務の積み重ねである。

そうした非定型業務である開発プロジェクトは，明確な始まりと終わりがある。このことを有期性という。言い換えれば，いつまでもダラダラと続くような活動はプロジェクトと呼ばない。もちろん，プロジェクトの期間が延長されることはある。それでも，プロジェクトは，独自の成果物を作るものであり，始まりと終わりが明確である活動であり，この点において，定型的な業務の遂行とは異なる。

本章では，情報システムを開発する際の2つのプロセスモデル——ウォーターフォールモデルとアジャイル開発——を紹介してきた。実際の開発においては，これら2つの開発の進め方に学びつつ，開発活動の本質を捉え，現実に即したプロセスを考えて実行していくことが重要である。対話を重ねながら，ステークホルダーが納得のいく情報システムを無理なく作り上げるにはどのような開発プロセスが望ましいのかを考え続ける必要がある。

EXERCISE

　日本において，どのような企業が情報システムを構築しているのだろうか。インターネットなどで企業について調べ，情報システムを構築する企業と，その企業が構築したシステムについて調べてみよう。

読書案内　　　　　　　　　　　　　　　　　　　　　　　　　Bookguide ●

　ブルックス Jr.，フレデリック・P.（1996）『人月の神話：狼人間を撃つ銀の弾はない （原著発行 20 周年記念増訂版）』滝沢徹・牧野祐子・富澤昇訳，ピアソン・エデュケーション。

→ IBM でシステム構築に関わった著者によるソフトウェア開発とそのマネジメントに関する論考。原著が古いため，ICT を巡る状況は現在とは大きく異なるが，そのエッセンスはいまでも示唆に富む。

CHAPTER 第6章

情報システムを構築する新しい手法はどのようなものか

現代の情報システム開発

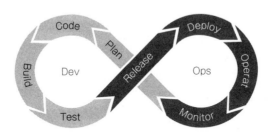

　ハードウェアとソフトウェアの技術が変わるにつれ，情報システムの開発の進め方も変わってきている．本章では，情報システムを開発するための新しい手法について学ぶ．情報システム開発の最先端では，ビジネスの刷新と情報システムの更新が密接に関連していることがわかるだろう．ビジネスをより良く，より価値あるものにするためにも，新しい手法で，より良い情報システムを構築することが必要である．

```
KEYWORD
```

V字モデル　　W字モデル　　継続的インテグレーション　　継続的デリバリー
DevOps　　技術的負債

1 テスト（Testing）の必要性と継続性

　前章で述べたように，開発した情報システムは利用に供する前にテストを行う必要がある。ただし，テストは手間がかかる。それは，開発プロセスがウォーターフォールであっても，アジャイルであっても同じである。

　加えて，ビジネスとその環境が変わると，企業が情報システムに求めるものも変わり，その変更の都度，テストが必要となる。今やビジネスと IT のシステムは連動しており，情報システムを変えていかないとビジネスのルールの変更に対応できないのだが，それにはテストが必須なのだ。

　情報システムのテストに関しては，IPA（独立行政法人情報処理推進機構）が，国内企業の開発プロジェクトを調査し，分析したレポートがある。それによれば，テストが開発工数全体に占める比率は大体 4 割ぐらいである。もちろん，プロジェクトによって違いがあり，最もテストの比率が高いプロジェクトでは，その比率は 80％にも達する。

　これほどの手間，工数がかかるとなると，開発に要するコストを下げるために，人件費を安くしようとし，専門性がない集団や企業にテストを任せようとすることがある。だが，あまり望ましいことではなく，やはりテストには専門技術が必要だと考えるべきである。むしろ，テストを自動化することでテストに要するコストと時間を節約するアプローチを取るべきである。

　テストの自動化に当たっては，ソフトウェア開発者自身がテストコードを書く。いわゆるプログラミングでイメージするような，ロジックを実現するプログラムを書きつつ，そのプログラムをテストするためのプログラムも同時に書いていくのである。実際のビジネス，情報システム開発の現場ではロジックを実現するプログラムに対し，数倍の量のテストコードを書くことが求められる。

90 ● CHAPTER **6** 情報システムを構築する新しい手法はどのようなものか

ロジックのプログラムとテストコードを一緒に書いておくことで，書いたプログラムが期待した結果を出力するのかを確認することができ，もし結果が期待通りでないなら，即座にプログラムを書き直すことができる。

テストコードを同時並行で書いておくことは，開発期間と開発工数の削減だけではなく，開発者が変化に対して安心しながら，プログラムを書き続けられる点にある。自分が書いたプログラムが思い通りに動いているのかを確認しつつ，テストコードの自動実行で確かめながら，プログラミングを続けられることは，安心感を得られるのだ。これは，先ほど述べたように，ビジネス環境の変化に合わせて情報システムとそのプログラムを変更する頻度が増えている現在，そうした変化に向き合うために，非常に重要なことである。プログラムのソースコードだけではなくてテストコードも一緒に変えていくのである。つまり，テスト結果として期待される値をテストコードの中に書いておいて，テストコードを次々と実行して，ソースコードの正しさを確認しながら積み重ねていく。こうしたテストの自動化は，開発される情報システムの機能を保証することはもちろん，情報システムの更新と，それを活かしたビジネス実現時期を早める，すなわち開発リードタイムを短くしてタイムリーに新しいビジネスを展開することにつながる。

ウォーターフォールモデル，V字モデル，W字モデル

テストについては，自動化とともに，何をどのようにテストするかという観点も重要である。すなわち，どのようなテストコードを作り，どのようなテストパターンによって，情報システムの妥当性を確かめ，検証するのかを人が考えなくてはならない。

ウォーターフォールモデル

通常のウォーターフォールの場合，要件定義をし，設計と実装して，後でテストを行う。テストは，実装の後の段階，テストを行う段階になって考えられるのが通常の考え方である。言い換えれば，要件定義のときは要件のことだけ

を考え，設計のときにはどう設計するかのみを考え，実装のときにはプログラミングのことだけを考える。これが，ウォーターフォールの典型的な流れであった。

前章で述べたように，テストには妥当性確認と検証の観点があるが，そのどちらの観点に立っても，テスト項目は多岐にわたり，多数である。多数の，さまざまなテスト項目を適切に設定しなければ，情報システムのテストは意味をなさない。そこで，テストの項目や内容を適切に設定するために，テストを早い段階から考えることが有効だと考えられるようになった。すなわち，開発活動の後半になってから何をテストするのかを考えて決めるのではなく，早い段階から何をテストすべきなのかを考えておくのである。

V字モデル

これを実現するひとつの開発プロセスのモデルが，V字モデルである。V字モデルは，ウォーターフォールモデルを途中で折り曲げ，V字にすることで，開発工程とテスト工程の対応関係を明確化する。V字モデルでは，左側の開発工程と併行して，右側の対応するテストの計画やテスト設計を実施する。要件定義から設計，実装に至る開発活動と，テストとその内容を明確に定義づけていき，「テストの段階ではここの開発フェーズで考えたことを確実に検証しましょう」と考える。それによって，テストの目的が明確になる。

W字モデル

さらに，V字モデルを改変し，要件定義と要件に関するテストを同時並行で考えることも可能である。同様に，設計をしながら設計をどのようにテストするかを考え，設計にフィードバックすることもできる。このようにテストを早い段階から考え，何をテストし，どのような項目でテストを行うのかを，要件定義や設計，実装と同時並行で行えば，テストの精度を高められる。その考え方に立った開発モデルがW字モデルである。

W字モデルは，問題解決の前倒し（フロントローディング）の考え方をソフトウェア開発プロセスモデルに応用したといえる。テスト作業の一部を早い段階で行うことで，テストの精度を上げることはもちろん，情報システムとその開

92 ● CHAPTER 6　情報システムを構築する新しい手法はどのようなものか

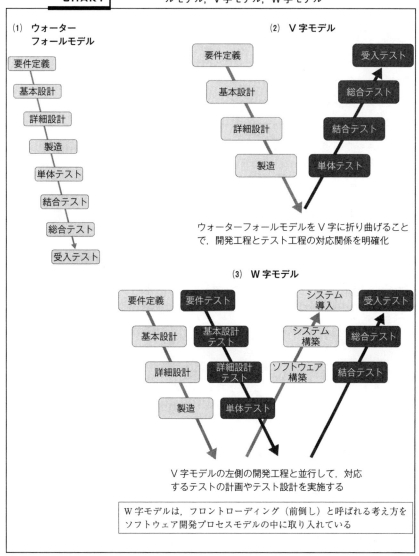

図表6-1 開発プロセスモデルにおけるテスト：ウォーターフォールモデル，V字モデル，W字モデル

発で生じる問題を早めに解決し，ムダな手戻りや作業を減らす考え方である。すなわち，テストに関する考え方を前倒しして要件定義の段階で，何ができれば要件や要求を満たしたことになるのかを考えておく。設計や実装の段階で，情報システムがどのような動作と処理結果を満たせば良いのかを考えておくの

である。

実際の情報システムの開発では，Ｖ字モデルやＷ字モデルなどの工夫を凝らし，より良い情報システム開発を実現しようとしている。前章で述べたように，ウォーターフォールかアジャイルかという大きな話も重要だが，もう一歩踏み込み，実装やテスト，とくにこのテストのプロセスをどう回すのを考えることも重要である。言い換えれば，開発プロセスには工夫の余地が大いにあり，組織レベルでの違いもある。だからこそ，「良いプロダクトは良いプロセスから」と考えて，よい開発プロセスを実現し，良い情報システム開発プロジェクトを実施することが，結果的に，ビジネスにおいてシステムをスピーディーに利用できるようにしたり，品質の高いシステムをビジネスの中で運用することにつながる。

③ 継続的インテグレーション，継続的デリバリー，DevOps

テストの自動化を実現し，新しく書かれたり，修正を加えられたりしたプログラム（コード）が大きな問題を引き起こさない状態が維持される見通しが立つと，継続的インテグレーション，あるいは継続的デリバリーが可能になる。テストの具体的で技術的な基盤を確実なものとし，自動テストの体制を整えたうえで，継続的なインテグレーションもしくは継続的デリバリーをどのように実現していくのかが考えられるようになる。

継続的なインテグレーションもしくは継続的デリバリーは，「アジャイル・マニフェスト」に書かれている「変化への対応」という観点からも重要である。ビジネスを取り巻く環境は常に変化するので，情報システムを止めることなく開発を継続し，最新の状況に合わせた情報システムを提供することができれば，変化に対応できるからである。

継続的インテグレーション（CI）

前章で述べたように，実際の情報システムの開発では，開発者が分担して開発を進める。このとき，各開発者が開発した成果（モジュールやコード）は，ク

CHART 図表6-2 継続的インテグレーション（CI）：ビルド＆テストの自動化

　ラウド環境に全部アップロードする。すると，クラウド上には，最新の開発成果が溜まる。継続的インテグレーション（CI：Continuous Integration）とは，このクラウド上に各人が書いたプログラムをアップロード（プッシュ）しておくと，クラウド上で自動テストが実行され，かつ，この開発者全員が書いたプログラムを全部結合（ビルド*）して，結合したプログラムのテストも自動的に実行される仕組みである。さらに，その結合の結果が，翌朝には開発メンバーに連絡され，次の開発活動の起点となる。これらのプッシュやビルド，テストを，かつては人手で行っていたが，いまはそれをすべて自動で行うことができる（図表6-2）。

　　＊　ソースコードを含む各種のファイルを結合し，実行可能なファイルを作る（コンパイルする）処理をビルドという。

　継続的インテグレーションを実施すると，毎日もしくは節目ごとに，ソースコードを変えたことでどんな問題が生じたのか，誰のプログラムによってエラーが出たのかをいち早く発見できる。そのため，そのエラーの修正にも早く取り組める。

▌継続的デリバリー（CD）▐

　継続的インテグレーションをさらにもう一歩進めると，継続的デリバリー

CHART 図表6-3 継続的デリバリー（CD）：デリバリー＆デプロイメントの自動化

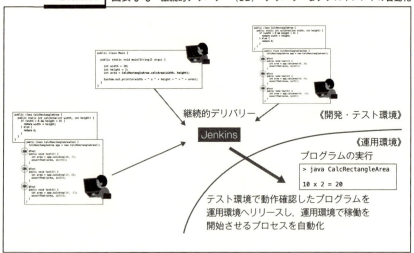

（CD：Continuous Delivery）になる。通常の情報システム開発では，新規に書いたプログラムや修正したプログラムを結合し，できあがったファイルを差し替え，システムを再起動して実行することで，システムをバージョンアップする。継続的デリバリーとは，これらのプログラムの書き換え，テスト，ビルド，ファイルの差し替え，システムの再起動といった一連の作業を自動化する。情報システムを実際の運用環境に届けて（デリバリー），そこで稼働を始める段階までを自動化することで，デリバリーが継続的になる（図表6-3）。

継続的デリバリーの取り組みは，それを実施できる企業とできない企業の差となり，実際の情報システムのバージョンアップとビジネスの改善に影響を及ぼす。実際に継続的デリバリーの取り組みを行っている企業では，たとえば，2015年にアマゾン（Amazon）は11.7秒に1回プログラムが置き換わっていた。Netflixも1日に数千回，コードが差し替えられていた。つまり，クラウド上で動いているような情報システムは，ほんの1時間もすればまるで違うシステムに切り替わることすら起きている。こうした企業の取り組みは，私たちが日常的に使っているスマートフォンのアプリのバージョンアップが行われる間隔を考えると，非常に速く，高頻度でのバージョンアップである。継続的デリバリーは，ネット系の企業に限った取り組みではない。2020年の記事によれば，通信企業のベライゾン（Verizon）やスターバックス（Starbucks），BMWや軍事

| CHART | 図表6-4　DevOps

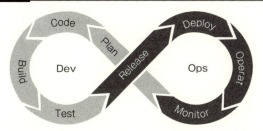

迅速かつ安定的に製品をユーザに届けることを目的に，開発チーム（Development）と運用チーム（Operation）が協働し，プロダクトのリリースサイクルを効率化する考え方

出所）https://www.intellilink.co.jp/business/software/devops.aspx（2025年1月17日アクセス）

系のシステムでも実現されており，業種や業界を問わず，さまざまな企業が非常に速いデリバリーのサイクルを実行している。また，アディダス（adidas）の場合，かつては6週間に1回の割合で情報システムを書き換えることができていたデリバリーサイクルが，現在では1日に5回更新できるようなってきた。こうしたスピード感で，情報システムとビジネスの変化が生じている。

DevOps (Development & Operation)

システム開発の自動化を目指す人々によって，現在では，自動でテストし，実行環境へのデリバリーと運用を自動化する仕組みができあがった。このとき，開発者はプログラムだけを書き，テストコードを書くだけで良くなる。

こうした自動化の取り組みは，開発者の負荷を減らすことはもちろん，次々と変わっていく経営環境に対し，迅速にシステムを合わせていくことを可能にする。このように，開発と運用を一体化して，迅速に両者を推進する考え方を，DevOps という（図表6-4）。

DevOps は，開発（development）と，運用オペレーション（operation）を組み合わせた造語である。その狙いは，迅速かつ安定的に情報システムをユーザに届けることを目的として，開発と運用の両チームが協働し，情報システムのリリースに至るサイクルを効率化することである。

継続的インテグレーションや継続的デリバリーと同様，DevOps のような取り組みをしている，あるいは取り組みができる組織能力を持っている企業の情

CHART 図表 6-5 DevOps の活用事例 10 社（2020 年）

会社名	活動内容
アディダス（Adidas）	デリバリーサイクルが 6 週間→ 5 回／日
キャピタルワン（Capital One）	WF アウトソース開発からアジャイルへ移行
ベライゾン（Verizon）	DevOps Dojos 教育プログラムの実施
CSG インターナショナル（CSG International）	リリース毎のインシデントが 83％減少
ディズニー（Disney）	Disney+ を早期立ち上げ
ノースロップ・グラマン（Northrop Grumman）	1 日当たり 15,000 件の自動テストを実施
BMW	30,000 サーバ上で 5,000 アプリ，マイクロサービス化
オプタム（Optum）	MF からの脱却で数百万ドル／年のコスト削減
ネイションワイド（Nationwide Mutual Insurance）	コード品質 50％向上，ダウンタイム 70％減少
スターバックス（Starbucks）	サイクルタイムを 74％削減

出所）https://www.novelvista.com/blogs/news/10-companies-successfully-implemented-devops（2025 年 1 月 17 日アクセス）

報システム開発とそのビジネス利用は，そうした能力を持たない企業と大きく異なってくる。現代では，DevOps を実行する組織能力を持つ企業こそが，ビジネス環境の変化に合わせて情報システムを変化させ，ビジネスをスピードアップさせることができる。

現在のシステム開発

　前章で述べたように，情報システム開発は，ウォーターフォールでのプロセスモデルに則って進めるか，アジャイルの開発プロセスモデルに則って進めるかという違いであり，それは開発の基本的な考え方の違いだった。だが，現在では，そのもう一歩先のところ，継続的インテグレーションや継続的デリバリー，DevOps をといった取り組みを実行できる技術的な基盤を整えられるかどうかによって，企業間の差異が生じている。

　最も根本的な違いは，ファイルを開発者の間で分業できないほどに複雑で入り組んだものしてしまうか，極力分業可能な形にして細分化するかの違いがある。分業可能な形に分けるからこそ，それらのテストを自動化でき，さらに，

98 ● CHAPTER 6 情報システムを構築する新しい手法はどのようなものか

ビルドや運用の自動化もできるようになる。その結果，情報システムのバージョンアップと変化への対応スピードに大きな差が生じる。情報システム開発における分業の程度と，クラウド環境などの技術基盤の整備の両面において，開発活動を変えることで，迅速かつ安定的に情報システムをリリースするためのデベロップメントとオペレーションが実現できる。

こうしたシステム開発の変化は，ネット企業か否かではない。IT 企業ではなくても，アディダスやベライゾン，スターバックスや BMW といった企業が実践しているように，歴史が長い企業でも，開発環境を整え，開発の仕組みを変えることによって，迅速な情報システムの更新ができ，またそれが必要なのである（図表 6-5）。

4 技術的負債（technical debt）とその帰結

現代の情報システム開発を考える最後のトピックとして，プログラムの美しさを再び取り上げよう。前章で，モデル（model：M），ビュー（view：V），コントロール（control：C）の 3 つの要素に分けてプログラミングをする MVC フレームワークを紹介した。1 つのプログラムを 3 つの要素に分け，さらにモデル（model：M）に関してロジックとデータを分ける理由として，全体像の見通しが良くなり，美しいプログラムを書く可能性が開けるとした。では，プログラムの美しさとは何だろうか。また，なぜ美しいプログラムを書くのだろうか。

プログラムが美しくても美しくなくても，分業できれば良いのではないか。実行結果が変わらないのであれば，わざわざ切り分けをすることは無駄なのではないか。場合によっては，一度書いたプログラムをわざわざロジックとデータに分けるのは余計な手間ではないか。このように思うかもしれない。

だが，美しくない設計のシステム，見通しの悪い設計に立って作られたシステムは，技術的な負債（technical debt）になる。情報システムの開発に時間的，人員的余裕がないと，美しくなかったとしても，当面の利用に資するように，明日動くように，情報システムをリリースすることがある。

しかし，美しくない，見通しの悪い，情報システムをいったんリリースして

しまうと，プログラムを直す作業が難しくなる。本章で述べてきたように，プログラム，情報システムは，ビジネスの変化に合わせて変えていくことが必須であるから，美しくない情報システムをリリースすると，その変化に合わせた改変が難しくなり，手間がかかる。それを避けるために，本体には手をつけず，部分的な，変化が求められる箇所だけを変えたり，付け加えたりすると，さらに見通しが悪い，美しくない情報システムになってしまう。そのようにして，さらに美しくない情報システムは，さらに改変や問題の解決の見通しが悪くなるので，それを直すことが難しくなり，直すとしてもより部分的な，表面的な対応に留まる。このようにして，いったんリリースされた美しくない情報システムは，その根本的な解決がなされることなく使い続けられ，ますます美しくなく，手を入れることが難しい情報システムになっていき，思わぬ障害が起きるかもしれないと危惧しながら，小手先の対応を続けざるを得なくなる。こうした負の循環を象徴する言葉が，技術的負債なのである。

　技術的負債は，情報システムを開発する企業だけではなく，ユーザ企業にとっても問題である。自分たちのビジネスを支えている情報システムが美しくなかったり，プログラムの構造が良くなかったりする場合，運用中に問題が起きたり，ビジネス環境の変化に合わせて情報システムを改修することができなかったり，さらには，必要以上の手間がかかったりして，情報システムを利用する現場に負担を掛けることになる。

　このように，美しくない情報システムを世に出すことは，ある種「借金」をするような行為なので避けなくてはならない。いったん，技術的負債を抱えてしまうと，表面をすこしなでるくらいのシステム改修しかできなくなり，いわば，借金本体は返せず，利子だけを返すことに精一杯の状況に陥ってしまう。

　技術的負債がもたらす問題をより正確にいえば，短期的な観点でシステムを設計してしまう結果，長期的に保守費用や運用費用が膨らんでしまうことを指す。一度きりの利用に供する情報システムであれば，短期的な観点で考えても良いかもしれない。だが，ほぼすべての情報システムは，維持管理をし，数年にわたって使い続ける。その維持管理，保守運用の間に，金銭的にも，マンパワーにおいても，余計な負荷がかかり，システムを全面的に入れ替えするまでの最終的なコストが膨らむ。そうした古い（レガシー）システムの補修や運用に

図表6-6 日本CTO協会が考える「2つのDX」

　費用と人手を費やし，新しく，美しい情報システムの開発に投入する費用と人員が少なくなるとすれば，それは大きな問題である。
　最後に，技術的負債を開発者の観点から考えていこう。DX，デベロッパーエクスペリエンス（developer experience）という言葉がある。企業で技術を統括する責任者，技術部門のトップであるCTO（chief technology officer）が集まるCTO協会は，開発者（developer）のDと，その経験（experience）を組み合わせて，もうひとつのDXを提唱している（図表6-6）。
　CTO協会は，ソフトウェアがビジネスのコアとなるDX（digital transformation）推進には，企業の変化とともに，開発者経験の向上が必要だと提言している。すなわち，情報システムに関わる企業は，自動化テストやDevOpsを可能にするシステム開発技術への投資と，技術的負債がもたらす影響を理解し，開発者が安心して価値創造（transformation）に向き合えるようにすべきだと提言する。
　ここで，良いデベロッパーエクスペリエンス，すなわち良い開発者経験とは，開発者自らが書いたコードが自動的に情報システムに反映され，問題があったとしてもすぐに解決に臨める状況になっており，安心して変化に向き合うことができることである。具体的には，自動化されたテスト，継続的インテグレー

4　技術的負債（technical debt）とその帰結　● 101

ションや継続的デリバリーを支える開発環境，あるいは DevOps を可能にするマネジメントが，そうした開発者経験の向上につながる。

反対に，テストを人手で実行したり，紙ベースの作業を課されたり，開発の最終段階で手戻りが発生したりすれば，開発者の心理的負担は大きくなり，良い開発経験にはならない。開発者の心理的な負担を軽減するには，開発者経験を活かし，開発者が力を発揮できるように，技術的な負債を極力最小化したり，テストの自動化を実現したり，継続的インテグレーションや継続的デリバリーを可能とする環境整備が必要であり，それに費用をかけるべきである。

情報システムはひとたび開発すれば終わりというわけではないし，一時的に情報システムを差し替えて業務のやり方を一時的に変えるのでは，その効果は小さい。大きな効果を狙うのであれば，情報システムを継続して運用することを前提とし，そのシステム開発を支える開発者が安心して変化に向き合い続けることができるようにすべきである。ビジネスの観点で情報システムを考えるとしても，その開発に目を向け，開発者の経験というところもまで含めて DX を考えるべきなのである。

SUMMARY

本章では，現在の情報システムの開発，とくにビジネス環境の変化に合わせて迅速に情報システムを変える開発のあり様を紹介してきた。経営層を含めた情報システムに要求を出す人たちと，開発を担う人達の間に乖離が生じると，開発の現場が苦労することになる。その結果，良い情報システムが開発できなかったり，情報システムの開発と変更にスピード感がなくなったりし，結局のところ，ビジネスのスピード感も失われてしまう。

ビジネスパーソン全員がプログラミングのエキスパートになる必要はない。読者の皆さんが実際に開発作業に携わることはないかもしれない。だが，技術の中で何が大事なのか，どういった環境が整っていると開発者が安心して変化に向き合って開発を進めることができるのか，といった事柄については理解をしておく方が良い。情報システムとプログラミングの表面的なことではなく，その奥にある本質を感じ取ることが重要である。「ソフトのことはよくわからないけれども」というのではなく，システム開発の技術的な側面を理解することに努め，システム開発に携わる人たちの技術と，その技術を使った品質とはどのようなものかを理解してほしい。

そうした理解があれば，情報システムの開発者とのコミュニケーションのあり方

が変わり，彼／彼女らにとって望ましい開発環境と開発経験を理解しやすくなる。それによって，開発現場で，開発者が変化に対して向き合える状況が作られ，ビジネスを継続するうえで欠かせなくなった情報システムが継続的に良くなっていくことが期待できる。本章で紹介した，Netflix やアマゾンなどはそれを実現し，ビジネスにおける優位を構築した企業である。現在行われている継続的インテグレーションや継続的デリバリー，さらには DevOps をひとつの目標として，現在よりも望ましい情報システムの開発環境と開発運用方法を作り出すことがいま，求められている。

EXERCISE

　継続的インテグレーションや継続的デリバリー，DevOps といった手法で情報システムを構築し，更新している企業はどのような企業だろうか。インターネットや書籍で事例を調べ，なぜその企業が情報システムを迅速に更新する必要があるのかを考えてみよう。

読書案内　　　　　　　　　　　　　　　　　　　　　　　Bookguide ●

野中郁次郎・竹内弘高（1996）『知識創造企業』梅本勝博訳，東洋経済新報社。
　→情報システムの構築は，企業が有するノウハウや過去の業務の経験，それらを体系化した知識を経営に反映させる面を持つ。ノウハウや業務経験をいかに体系化し，伝えられる知識（形式知）にしていくのかを考えるためには，この本の SECI モデルが参考になるだろう。

読書案内　●　103

CHAPTER

第 **7** 章

新技術によってビジネスはどう変わるのか

データと AI, それらが生む課題

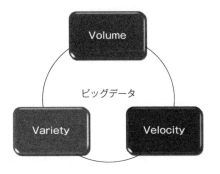

　ビッグデータ，人工知能（AI），IoT——これらの先端技術が企業や組織に与える影響は大きく，ビジネスモデルの変革や市場の変化を日々感じる。新しい体験にわくわくさせられることも多いが，同時に新たな課題も浮かび上がっている。
　本章では，これらがビジネスにどのような影響を与えているのか，そしてそれに伴う課題がどのようなものかを検討していこう。

```
KEYWORD
ビッグデータ    人工知能（AI）    IoT    生成 AI
```

1 ビッグデータ

┃ ビッグデータとは ┃

　近年，データの価値が新たな時代を切り開き，私たちの生活やビジネスのあり方を根本から変えつつある。

　ビッグデータとは，2010 年にイギリスのエコノミスト誌で初めて紹介された概念であり，その初出は「Data, data everywhere」と題された記事である（Cukier, 2010）。この用語は，従来のデータベース管理ツールやデータ処理アプリケーションでは処理が難しいほど巨大で複雑なデータ集合体を指す。

　実際，国際的なデジタルデータの量は飛躍的に増大している。たとえば，2013 年時点でのデータ量は 1.8ZB（ゼタバイト）であったが，2020 年には約 40ZB に増加すると予測されていた（総務省, 2014）。しかし現実には，50ZB に達したといわれている。

　ビッグデータは，その特性が「3 つの V」として表現されることで知られている（図表 7-1）。まず，「Volume（データの総量）」について，2020 年には世界全体に存在するデータは約 50 ゼタバイト（50 兆ギガバイト）にも達している。この膨大な量が，ビッグデータの一要素として注目されるゆえんである。

　次に，「Variety（データの種類）」では，マルチメディアデータやソーシャルデータといった非構造化データをはじめ，多様な形式のデータが含まれる。これらは従来の構造化データとともに，ビッグデータの一部として欠かせない存在である。

　最後に，「Velocity（データ生成のスピード）」について，データの生成や収集が高頻度かつリアルタイムに行われる点も重要な特徴である。このように，データの生成速度が速いことも，ビッグデータの特性を形成している。

　この「3 つの V」がビッグデータを特徴づける要素であり，多くの可能性を

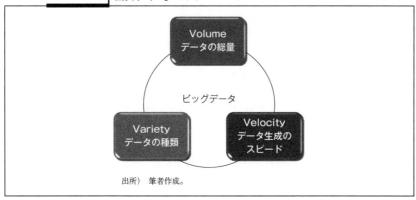

図表7-1 3つのV

出所）筆者作成。

秘めている。しかし，その一方で，データの処理や解析における技術的な課題，さらにはプライバシーやセキュリティの問題といったさまざまな課題も生じている。これらについては，第5節を詳しく見てほしい。

ビッグデータの種類

　ビッグデータとは，すでに述べたとおり巨大で複雑なデータ集合を指す概念であり，その成立には多様な種類のデータが組み合わさっている（図表7-2）。従来から存在する構造化データだけでなく，非構造化データや半構造化データ，マルチメディアデータなどがビッグデータの範疇に含まれている。

　したがって，ビッグデータの種類について論じるに当たっては，従来からあるデータの存在も考慮しながら，その多層的な性質を理解することが重要である。

2 ビッグデータの活用

　ビッグデータの活用までのフローは，ビッグデータの収集，抽出，分析，結果の活用という4つの段階に集約される。

CHART 図表7-2　ビッグデータの種類

データの種類	具体的なデータ内容
ソーシャルメディアデータ	SNSにおいて参加者が書き込むプロフィール，コメントなど
カスタマーデータ	顧客管理システムで利用される販促データ，会員カードデータなど
オフィスデータ	オフィスのパソコンで作成される文書，電子メールなど
マルチメディアデータ	ウェブ上で配信サイトから提供される文書，電子メールなど
ログデータ	ウェブサーバで自動的に生成されるアクセスログなど
ウェブサイトデータ	電子商取引サイトやブログで蓄積される購入履歴やブログエントリーなど
センサデータ	GPSにおいて検知される位置情報や各種センサで読み取られる温度など
オペレーションデータ	業務システムのPOSデータや取引明細データなど

出典）総務省『平成26年版　情報通信白書』より筆者作成。

ビッグデータの収集

　最初の段階は，ビッグデータの収集である。これは，ICTの進歩により，大きな進展を遂げている。この進展は，主に以下の2つの要因によってもたらされている。

　第1に，ハードウェアの進化と演算速度の向上があげられる。コンピュータやサーバの性能が向上し，高速なデータ処理が可能になったことで，大規模なデータの収集・処理が容易になった。また，クラウドコンピューティングの台頭も，ビッグデータの収集を支える要因のひとつとなっている。

　第2に，データソースの多様化があげられる。多くのソーシャルメディアやIoT（Internet of Things）などの新たなデータソースが登場し，ビッグデータの多様性と豊富さが高められており，こうしたデータの利用・公開も進んでいる。たとえば，公的統計の構造化データを提供するe-Statや，非構造化データも含めて提供するDATA.GO.JPなどのデータポータルが整備されている。

　こうした取り組み，あるいは第5節「データの基礎作り」で紹介する分野間データ連携基盤の整備の議論も進み，大規模で多様なビッグデータを活用す

108 ● CHAPTER **7**　新技術によってビジネスはどう変わるのか

ることが広がりつつある。

ビッグデータの抽出

　情報収集の進展により，豊富なビッグデータが入手可能となったが，同時に
データには多くのノイズが含まれている。ビッグデータの分析を行うには，不
必要なデータやノイズを適切に取り除き，「必要な」情報だけを精緻に抽出す
る必要がある。

　構造化データは，POS データや入出金データのように定型的に整理されて
いるデータであり，これらは比較的取り扱いが簡単である。一方，非構造化
データは SNS のメッセージのように定型的ではないデータであり，その取り
扱いには独自の課題が生じる。この非構造化データは，NoSQL データベース
によって管理されることが多い。NoSQL は「Not Only SQL」の略語であり，
リレーショナルデータベース管理システム（RDBMS）以外のデータベース管理
システムを包括的に指し，多くの企業で広く利用されている。

　ビッグデータの有効な利用には，これらの異なるデータ形式に対する適切な
対処が求められるため，データの品質向上が分析の信頼性を確保する重要なス
テップとなる。

ビッグデータの分析

　分析も，「ビッグデータ」だからといって特別なものがあるわけではない。
ビッグデータに対する分析は，一般的なデータ分析と同様の基本原則と手法を
用いて行う（図表 7-3）。しかし，ビッグデータには通常のデータセットよりも
巨大で複雑な性質があるため，いくつかの特別な課題やアプローチが必要な場
合もある。

　たとえば，オンラインショッピングサイトが数百万人のユーザの購買履歴や
行動データを蓄積しているとしよう。この膨大な量のデータを分析するために，
Hadoop や Spark といった分散処理フレームワークが利用されることがある。
これらの技術を使えば，データを複数のコンピュータに分散して同時に処理で
きるため，分析が効率的に行える。もしこれを普通のコンピュータで処理しよ
うとすると，時間がかかりすぎて現実的ではないが，分散処理を用いることで，

2　ビッグデータの活用　● 109

CHART 図表 7-3　ビッグデータの分析

分析手法	分析の基本原則
機械学習	人間が自然に行っている学習能力と同じ機能をコンピュータで行う。音声認識や画像認識など
クラスタリング	データの中で似ているものをまとめて，いくつかのグループにする
ニューラルネットワーク	脳の神経回路における計算方式と同じ方式をコンピュータで実施
回帰分析	ある変数の動きがいくつかの変数の動きに左右されているという関係を数式で求める
デシジョンツリー	意思や行動を決定するまでの条件をツリー化
アソシエーション分析	2つ以上の関係を分析する手法
自然言語処理	言語をコンピュータで解析。文を意味がわかる最小意味単位に分解する「形態素解析」や各単語の出現頻度をカウントする「頻度分析」など
セマンティック検索	検索文章内の品詞間の関連性などから，言葉の意味を解析して精度を向上させて検索
リンクマイニング	SNS のリンク構造など，さまざまなネットワークのつながりを分析
A/Bテスト	Web サイト最適化のため，複数のバージョンを同時に提供し，どちらが好評かテスト

出所）　筆者作成。

短時間で結果を得ることが可能となる。

　また，ビッグデータからユーザの購買傾向を予測したい場合，機械学習や深層学習といったアルゴリズムが活躍する。たとえば，過去の購買データを分析し，次にどの商品が売れるかを予測するモデルを作ることができる。このようなアルゴリズムは，膨大なデータの中から関連性のあるパターンを見つけ，そこから有益な情報を導き出してくれる。

　このように，ビッグデータの分析は従来のデータ分析に比べて扱うデータの規模や複雑さが増すため，多少の工夫や高度な技術が求められる。しかし，基本的な手法を押さえ，適切に対処することで，非常に価値のある知見を得ることが可能である。たとえば，顧客の行動パターンを理解してマーケティング戦略を改善したり，製品の需要予測を行って在庫管理を最適化したりすることができるのである。

ビッグデータの活用

ビッグデータの情報は，さまざまな組織において活用されている。とくに有名な例として，アマゾンのリコメンデーション機能があげられる。この機能は，ユーザの購入履歴や行動履歴を分析し，顧客に対して個別に適した商品を提案するものである。これによって，ユーザの利便性が圧倒的に向上し，アマゾンの年間売上高の相当な部分を占めるまでに至るといわれている。

さらに，アマゾンは大量の商品の自動価格設定にもビッグデータを活用している。他社の価格や在庫情報を参考にし，市場の動向や需要予測に基づいて適切な価格を設定することで，効率的な販売活動を展開している。

このビッグデータの活用においては，アマゾンが採用する「協調フィルタリング」が重要な手法のひとつである。つまり，ユーザの行動履歴や購買パターンを分析し，「この商品を買った人は，こんな商品も買っている」といった形で類似商品を提案することで，顧客のニーズに合った商品を効果的に推薦するのである。

アマゾンはこれらのビッグデータ分析のノウハウを活かし，現在では利益の8割を稼ぐAWS（Amazon Web Service）事業を展開している。AWSでは，ビッグデータをはじめとするデータの処理や分析を支援するクラウドサービスを世界中の企業に提供している。

こうしたビッグデータの活用は，アマゾンだけでなく，他の企業や組織でも広く行われており，なかには私たちも簡単に利用できるサービスもある。たとえば，Googleトレンドでは，グーグルの直近の検索データだけでなく，2004年からの変化を分析することが可能である。また，V-RESASは，内閣官房デジタル田園都市国家構想実現会議事務局と内閣府地方創生推進室が提供する，地方の経済活性化や産業振興のためのデータ分析サービスである。

2 ビッグデータの活用 ● 111

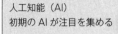

図表7-4 人工知能，機械学習，ディープラーニングの包含関係と隆盛

人工知能（AI）		
初期のAIが注目を集める	マシンラーニング（機械学習）	
	機械学習が活発化し始める	ディープラーニング（深層学習）
		ディープラーニングのブレイクスルーがAIブームを巻き起こす

1950年代　1960年代　1970年代　1980年代　1990年代　2000年代　2010年代

出所）総務省資料「ICTスキル総合習得教材　データ分析」をもとに作成。

 人工知能（AI）

人工知能（AI）とは

　人工知能（AI：Artificial Intelligence）は，言語の理解や推論，問題解決などの知的行動を人間に代わってコンピュータが行う技術である。近年，急速に耳にするようになったこの概念は，実はコンピュータが生まれた1950年代から存在している。

　「人工知能」，「マシンラーニング（機械学習）」，「ディープラーニング（深層学習）」という用語は，それぞれ包含関係にある（図表7-4）。

　マシンラーニング（機械学習）は，1980年代に発展した技術であり，人間が予め決めた規則性や基準を基に，さまざまなデータを予測したり，判断するものである。この技術の進化により，データ駆動型のアプローチが普及し，さまざまな分野で広く応用されるようになった。

　近年とくに注目されているディープラーニング（深層学習）は，マシンラーニング（機械学習）の一分野である。この技術はニューラルネットワークと呼ばれる分析手法を拡張し，複数の隠れ層を持つ深いネットワーク構造を用いて高度な学習と分析を行うものである。これにより，複雑なデータのパターン認識や特徴抽出が可能となり，精度の高い予測や分析が実現されている。

　ディープラーニングでは，多くのデータを学習させるほど精度が向上する。ただし，どのような分野にでも応用できるわけではなく，とくに大量のデータが得られる分野で効果を発揮するといわれている。

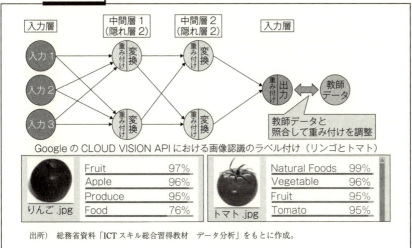

図表7-5 ディープラーニングのイメージ図（中間層が2層の場合）

出所）総務省資料「ICTスキル総合習得教材 データ分析」をもとに作成。

　ディープラーニングの具体例として，図表7-5を用いて説明してみよう。この例は，りんごとトマトを識別するためのディープラーニングモデルである。まず，教師データとして，多数のりんごとトマトの画像が用意される。

　ディープラーニングモデルは，これらの画像データを入力し，それぞれの特徴を学習する。たとえば，りんごの画像には赤い色が特徴的であることや，トマトの画像には赤い色と緑の茎が特徴的であることを学習する。このようにして，モデルはデータから規則性や特徴を抽出し，それに基づいてりんごとトマトを区別する基準を「自ら自動的に学習」するのである。

　学習が進むにつれて，モデルは教師データに対する適合度を高め，りんごとトマトをより正確に識別する能力を向上させていく。そして，学習結果と教師データを照らし合わせることで，モデルの精度が検証され，必要に応じて修正や調整が行われる。これにより，モデルはより正確にりんごとトマトを識別できるようになるのである。

ディープラーニングとビジネス

　ディープラーニングは，画像解析，自然言語処理，音声認識，異常感知，レコメンデーションの提案など，多岐にわたる領域で高い性能を発揮するため，ビジネス現場においても幅広く活用されている。

たとえば，食品メーカーのキユーピーでは，ディープラーニングを利用した食品検査装置の異常検知システムが導入されている。このシステムは，人手不足の課題に対応しながら，製品の品質管理の精度を向上させ，生産ライン上での異常を早期に検知することが可能となった。

　また，翻訳の分野においても，ディープラーニング技術は大きな進歩を遂げている。たとえば，ドイツの翻訳サービス企業によるディープエル（DeepL）は，複雑な言語構造や文脈を的確に捉え，自然な翻訳を提供することができるため，急速に利用が広がっている。

┃ 生成 AI の急速な進化 ┃

　近年，大きな注目をあびているのが生成 AI（Generative Artificial Intelligence）である。生成 AI とは，機械学習やディープラーニング技術を用いて，与えられたデータのパターンや特徴を学習し，その学習済みモデルを用いて新しいデータの生成を行うものである。

　この生成 AI の応用範囲は広く，文章や画像，音楽などの創作活動から，自動翻訳，画像生成，ビデオ合成といった分野で活用されている。たとえば，文章生成では，与えられた作家の文章からその傾向を学び，その特徴を捉えた自然な文章を作成することが可能になっている。また，画像生成では，大量に読み込んだ画像を学習し，「図書室で勉強している大学生」といった指示に基づいて，人間が作成したものと区別が難しいほどの画像を瞬時に生成できるようになっている。

　実用として活用できるレベルに急速に進化したことから，さまざまな導入が進んでいる。たとえば，大和証券では，全社員に ChatGPT を導入し，情報収集，資料，書類やプログラミングの土台作成などのサポートに活用している。これらを活用することで業務を効率化し，接客や企画などの業務により時間を割くという。また，LINE ヤフーでは，ソフトウェア開発に生成 AI を活用している。ここでは，マイクロソフトの子会社が提供する GitHub Copilot を導入し，エンジニアが入力した自然言語情報に基づいてコードを自動生成している。これにより，エンジニアの作業時間を 1 日当たり数時間，大幅に削減することが可能になった。

一方，さまざまなリスクも指摘されている。主なリスクのひとつは，誤った情報や偽情報の生成である。生成 AI は与えられたデータから学習を行い，それに基づいて新しい情報を生成するが，そのプロセスで誤まった解釈や，誤った関連性の学習が行われてしまう可能性がある。その結果，偽の情報や誤解を招く内容が生成されることがある。

　さらに，生成 AI を悪用して偽造されたデータや偽情報を大量に生成することで，社会的混乱や信頼性の喪失を引き起こす可能性もある。たとえば，偽のニュース記事や偽造された画像・ビデオが広まることで，人々の判断や意見形成に混乱をもたらすことが現実に起きている。

IoT（Internet of Things）

IoT とは

　IoT（Internet of Things：モノのインターネット）は，あらゆる物がインターネットを介して相互に接続されることで，新たなサービスやビジネスモデルが生まれるという概念である。この用語は，1999 年にマサチューセッツ工科大学（MIT）の Auto-ID ラボに所属していたケビン・アシュトンが，講演で初めて使用したものである。

　IoT という概念が生まれた背景には，従来の通信機器だけではなく，IC タグや各種センサーを備えたデバイス同士が情報をやりとりできるようになったことがある。この結果，モノが自らデータを収集し，分析し，その結果に基づいて必要な行動をとることが可能となる。たとえば，スマート家電がユーザの生活パターンに合わせて最適な動作をすることや，工場の機械が故障を予測してメンテナンスを自動的に行うといったことである。これによって，新たなネットワーク社会が実現されることが期待されている。

　このように，IoT は人々の生活や産業に大きな変革をもたらす可能性があり，今後もその発展が注目される技術である。

ファーストリテイリングのセルフレジ

出所）日経クロステック（2019 年 11 月 5 日掲載）。
https://xtech.nikkei.com/atcl/nxt/column/18/00001/03109/

IoT のビジネスへの展開

　実際に，IoT はさまざまなビジネス分野で活用が拡大している。また，たとえば，ファーストリテイリングは 2018 年から，RFID（Radio-Frequency Identification）タグを製品に組み込み，無人レジで瞬時に読み取り，会計が可能なシステムを採用した。

　このセルフレジは，バーコードの読み取りが必要ない。商品かごをレジに持ち込むと，商品に取り付けられた RFID タグが自動的に読み込まれ，瞬時に購入点数や金額が計算される（写真を参照）。食品スーパーなどでセルフレジに慣れておらず戸惑っている消費者でも簡単に利用でき，レジの混雑緩和につながっている。

　また，製造現場の導入も進んでいる。ダイキンは，ビル用マルチエアコンを生産する工場で IoT を活用し，顧客のニーズに応じた受注生産品を大量に製造することができるようになった。生産ラインでは，パレットに内蔵された ID カードの情報をもとに作業指示が自動的に行われる。この ID カードの情報は「工場 IoT プロジェクトセンター」に集約され，生産状況の可視化と異常の検知が行われる。その結果，1 本の生産ラインで異なる仕様の製品を流れ作業で

組み立てることが可能になった。

IoT の課題

しかし，IoT の活用には大きく 2 つの課題がある。

まず，通信負荷・電力の課題である。大量の IoT デバイスが同時に通信を行うことで，電波干渉が発生し，誤作動や通信遅延が生じる可能性がある。また，IoT デバイスは常に通信を行うため，電力の消耗が懸念される。電力が途絶えると，当然ながらデータの送受信や処理が行えなくなり，システムの機能性が低下してしまう。このように，通信負荷と電力の問題は，IoT システムの安定性や持続性に影響を及ぼす重要な課題となっている。

次に IoT 端末のセキュリティに関する課題も重要である。一般的なパソコンと異なり，IoT 端末はリソースが限られており，セキュリティ対策を容易に実施することが難しい。たとえば，ウィルス対策ソフトのアップデートやセキュリティの強化が困難な状況が生じる可能性があるのである。IoT 端末がセキュリティ上の脆弱性を抱えている場合，外部からの不正アクセスやデータの改ざんなどのセキュリティリスクが増大し，システム全体の信頼性が低下してしまう。そのため，IoT システムのセキュリティ強化は重要な課題として認識されている。

5 新しい技術とビジネスの共通課題

このような新しい技術によって新たなビジネスが生まれたり，便利でわくわくする体験が得られる一方で，難しい課題も生まれている。

個人のプライバシーの課題

まず，個人のプライバシーをどう守るべきかという課題である。つまり，収集されたデータの利用について，どうしたルールがあるべきかについての検討が必要である。

たとえば，スーパーやコンビニエンスストアでの購入履歴をもとに，お弁当

やスイーツのクーポンを手にした人もいるだろう。この場合，多くはとくに気にせずに受け入れるかもしれない。しかし，同じように，ドラッグストアでの育毛剤の購入履歴をもとにウィッグのクーポンを受け取ったとしたら，一部の人々はそれを不快に感じる可能性がある。

こうした例からもわかるように，まず，データの収集や利用に関する規制や倫理についての議論が重要である。とくに，個人のデータを収集して利用する企業や組織は，そのデータを適切に保護し，個人のプライバシーを尊重することが求められるのである。

データの保護規制

そこで，2018 年 5 月，欧州連合（EU）は，個人データ保護とその運用に関する詳細な規定を含む法令である「一般データ保護規則（GDPR：General Data Protection Regulation)」を施行した。

この GDPR によって，個人データを取り扱う企業は多くの義務を負う。具体的には，セキュリティの強化，データ管理責任者の任命，そして明確かつわかりやすい情報提供などである。一方の個人は，自身のデータを適切にコントロールできるようになる。たとえば，過去の雇用先に対して自身のデータの削除を求める「忘れられる権利」や，IT サービスプロバイダーにデータの移行を要求する「データポータビリティの権利」が確立されている。

なお，これらの規定に違反する企業には，厳格な罰則が科される。実際，フランスでグーグルが，アイルランドでツイッターが，イギリスで British Airways が，といったように，GDPR に違反した企業には巨額の罰金が科される事例が相次いだ。

EU の GDPR を受けて，世界各国や地域でも消費者保護の観点からの規制が導入，強化されている。

アメリカのカリフォルニア州では，2020 年に「州消費者プライバシー法（CCPA)」が施行され，さらに 2020 年 11 月には，より強化された新法である「州プライバシー権利法（CPRA)」が住民投票により可決された。この新法により，パスポート番号や正確な位置情報などを含む機密情報の利用に対して厳しい制限が課されることとなった。

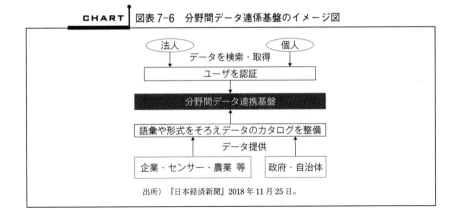

図表7-6 分野間データ連係基盤のイメージ図

出所）『日本経済新聞』2018年11月25日。

　日本では，2020年6月に改正個人情報保護法が公布され，2022年4月に施行された。この改正では，個人を特定できない情報である「匿名加工情報」などの利用に関する政策が強化され，また，個人データの利用停止を求める権利などが拡充された。

　こうした規制の影響を受けて，世界ではデータエコノミーの主導権争いが激化している。すでに述べたとおり，日米欧では，EUのGDPRを中心に，個人データ保護の体制を整備したうえで，データの自由な流通を促進する枠組みによって，個人のプライバシー保護とデータの活用とを両立させようとしている。一方で，中国は独自のデータ管理政策をとっており，国外へのデータ持ち出しを厳しく制限し，国内での監視社会を構築している。この政策は，国内データの保護や国家安全保障の観点から厳格に管理されているものの，国際社会とのデータ流通においてはますます摩擦を生む可能性がある。

データの基盤作り

　日本政府は，企業や行政機関が持つビッグデータを集め，誰もが利用できるデータベースの基盤（分野間データ連携基盤）の構築に向けて動き出している。

　たとえば，アメリカでは2005年にNIEM（National Information Exchange Model）が，ヨーロッパでは2011年にSIMEC（Single Market for Electronic Communication）が立ち上げられた。こうした先例をもとに，日本では最新のCADDE（ジャッデ）4.0が2023年4月にリリースされ，データの効率的な共有と活用を支援することとなっている（図表7-6）。

5 新しい技術とビジネスの共通課題 ● 119

人材不足の問題

　日本では，アマゾンやグーグルのようにビッグデータを活用して大成功を収める企業はまだ少ない。その要因のひとつとして，データを分析できる人材の不足があげられる。ビッグデータを戦略的に活用するためには，会社として重要な意思決定を支援し，全体的なデータ活用戦略を策定するビッグデータストラテジスト，新しいデータセットを構築・精緻化し，既存のデータと統合するビッグデータアーキテクト，そして最適な技術やアプローチを用いて課題に対する分析を行うデータサイエンティストといった人材の育成が急務である。

　こうした状況を踏まえて，政府によるデジタル人材の育成を支援する動きが広がっている。たとえば，大学の学部やコースの開設が相次ぎ，職業訓練の機会や場が提供されるなど，デジタル分野における人材育成の取り組みが進んでいる。

SUMMARY

　本章では，ビッグデータやAI，IoTといった先端技術と，それに伴う課題に焦点を当ててきた。インターネットの誕生以降，通信速度の向上やSNSの発展により，ビッグデータという概念が生まれ，その活用が急速に進んでいる。また，人工知能の分野では，ディープラーニングや生成AIなどの技術が急速に進化し，新たなサービスの可能性を広げている。さらに，IoTの発展により，あらゆるモノがインターネットに接続される時代の到来が期待されている。

　しかし，これらの技術革新に伴い，個人情報保護やインフラの整備，人材育成など，解決すべき喫緊の課題も浮かび上がっている。これらの課題に適切に対処することが，先進技術を効果的に活用するうえで，きわめて重要なポイントとなるのである。

EXERCISE

　ディープラーニングや，生成AI，IoTを活用した事例について，具体的な効果や，浮かび上がった課題もあわせて調べよう。

読書案内　　　　　　　　　　　　　　　　　　　　　　**Bookguide** ●

マイヤー＝ショーンベルガー，V.，クキエ，K.，（2013）『ビッグデータの正
体：情報の産業革命が世界のすべてを変える』斎藤栄一郎訳，講談社。

　→ビッグデータについて多くの有名な事例を用いながら，その可能性につい
　　て詳しく説いている。

小林亮太・篠本滋・甘利俊一（2022）『AI 新世：人工知能と人類の行方』文
春新書。

　→ AI に何ができるのかを具体的に説明したうえで，今後，人類社会に何が
　　起こるのかを展望。

CHAPTER 第8章

どのように情報システムを使いこなすのか
経営資源としての情報システムと組織能力

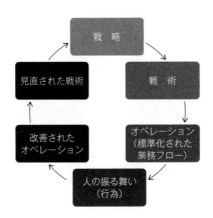

　企業が情報システムを導入する目的は，より良く事業を展開し，成果をあげるためである。では，情報システムを利用することは，いかにして企業の事業や業務を変え，成果を高めるのであろうか。本章では，第3章で紹介した経営学の資源・能力アプローチ（resource-based view of the firm：リソースベースドビュー）をより詳しく説明する。情報システムを使いこなすことで企業が事業や業務を見直し，より良い成果を達成できる論理を，これらの概念を使って考えていく。

KEYWORD

経営資源　　組織能力　　資源・能力アプローチ（RBV）　　情報的経営資源　　ITケイパ
ビリティ

1　企業の競争優位の源泉としての経営資源と組織能力

競争優位の源泉としての経営資源，組織能力

　企業経営において，情報システムも，データも，うまく使いこなせなければ，
成果にはつながらない。では，情報システムやデータを使いこなすとはどうい
うことなのだろうか。ここでは，経営資源と組織能力の観点から，企業が情報
システムやデータを使いこなし，成果をあげる論理を考えていく。

　現代のビジネスでは，同じ業界（産業）に属していながらも，企業の業績に
は違いが生じている。コンビニエンスストアの業界やゲームの業界，自動車や
ネット証券の業界など，複数の企業が同様の事業環境の中で競争し，その結果，
業績に格差が生じているという現実がある。この現実を説明しようとしたとき
に，同一業界に属しているのだから，業界構造の枠組みだけでは説明できない。
さらに，業績の差は容易に変動せず，ある程度安定的に発生していることから，
ランダムではない要因が背後にあると想定できる。

　そこで，経営学では企業の業績の違いの背後には競争優位・劣位があると考
え，さらにその背後には，企業が保有する経営資源（management resources）と
それを活用する組織としての能力（組織能力）の違いがある，と考える（図表
8-1）。

資源・能力アプローチ

　第3章で述べたように，企業を経営資源の束（集合体）と考え，それを活用
する能力を重視する企業の見方は，資源・能力アプローチ（RBV：リソースベー
スドビュー）と呼ばれる。RBVの考え方では，他社にはない，独自の経営資源
の蓄積と，それを活用する組織としての能力（組織能力）が，各企業の競争優位

124 ● CHAPTER 8　どのように情報システムを使いこなすのか

図表 8-1　競争優位を作り出す構造：競争優位，経営資源，組織能力

出所）藤本（2001）の106頁，および網倉・新宅（2011）の48頁の図2-3に基づいて作成。

に影響を及ぼすと考える（Penrose, 1959；1980；1995）。

　RBVでは，企業の利益もしくは競争優位は，企業内で独自に蓄積されたヒト，モノ，カネ，そして情報という経営資源から生じると考える。ここで，経営資源とは，事業を行っていくうえで必要とされるあらゆる有形，無形の資産を指す。具体例としては，経営者や従業員といったヒト，資本設備などのモノ，金融資産を含むカネ，そして，技術・経営ノウハウ，顧客の信用やブランドイメージ，流通チャネルやサプライヤーとの信頼関係などの情報である。

　この見方に立つと，情報システムは経営資源の一要素であると見なせる。企業は，意図をもって経営情報システムという経営資源を導入し，それを組織として使いこなす。情報システムという経営資源と，それを使いこなす組織能力が結び付くことによって，企業の競争優位もしくは競争劣位が現れると考えられる。

　もしまったく同じ経営資源を持っていたとしても，同じ成果をあげられない場合がある。私たちが，たとえ同じPCを持っていても同じ仕事をできるとは限らない状況と同じである。企業もまた，保有する経営資源をいかに使いこなすのかによって，実現できる成果が異なる。そこで，経営資源と並んで重要視されるのが「資源を，組織的なプロセスを利用しながら組み合わせ，上手に使いこなして，望ましい結果を生み出す力」すなわち組織能力（capability）である。

　以上をまとめると，同じ産業内であっても，企業は1社1社が保有する経営資源と，それを使いこなす能力が違っている。そのため，異なる企業行動を実

現できる。結果として，利益などで測られるパフォーマンスに違いが出る。

戦略，戦術，オペレーション，振る舞い・行為

　では，競争優位に結び付く独自の企業行動はどのように作られていくのだろうか。戦略は，企業行動の目標を設定し，それにいかにしてたどり着くのかという道筋を示す。それは，経済社会の中で企業がどのような役割を果たすのか（ポジショニング）という発想で構想されたり，いままでの企業行動の中で培われた他社にはない経験とそれがもたらした人材や知識など（リソース）をどのように活かすのかという発想で構想されたりする。しかしながら，戦略は企業全体，事業部全体といったマクロのレベルでの意思決定である。戦略だけで企業に関わるヒトの振る舞い，行為や行動が決まるわけではない。戦略はより具体的な目標や計画に分解（ブレークダウン）される必要がある。

　戦略は，戦術とオペレーションという単位に分解することができる。戦略よりも短期で具体的，かつ狭い範囲の意思決定が戦術である。戦術をさらに短期，具体的，狭い範囲に絞り込んだ意思決定の結果がオペレーションに関する決定と呼ばれる。逆にいえば，オペレーションから徐々に積み上げて，戦術を経て，長期間に及ぶ抽象的な，広い範囲をカバーする意思決定を行うことが戦略を決めること（戦略的意思決定を行うこと）である。

　オペレーションは，店舗や工場，オフィスなどの現場で，日々行動する人々を規定する。それでも，企業に関わるヒトは，オペレーションに関する計画に従うだけではなく，状況に応じて振る舞うことがある。それゆえ，オペレーションよりもさらに瞬間的で，ある現場で行われるヒトの具体的な行動を想定する必要がある。ここでは，オペレーションよりも細かい，活動の最小単位として，企業に関わるヒトの「振る舞い（行為）」を考えておこう（図表8-2）。

　戦略，戦術，オペレーション，ヒトの振る舞いという4つの段階を想定すると，日々のヒトの振る舞いが積み上げられ，合成されることで，企業の戦略的行動が生じると考えられる。すなわち，振る舞いの積み重ねと集合がオペレーションであり，オペレーションの積み重ねが戦術に束ねられて，戦術を総合するものが戦略になる。したがって，企業に関わるひとりひとりの振る舞いが集められて，独自の企業行動が成し遂げられるといえる。

126 ● CHAPTER 8　どのように情報システムを使いこなすのか

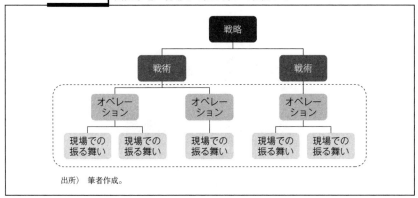

図表 8-2　現場での振る舞いの位置づけ

出所）筆者作成。

さらに，この企業行動の継続していく中で，企業独自の経験が積み重ねられ，それは経営資源の蓄積へとつながる。これは，私たちがさまざまな経験を経て，他の人とは違う能力を身につけることに近い。したがって，戦略を構想するとは，こうしたヒトの振る舞いを念頭に置いて，これまでにいかなる独自の行動が取られたかを振り返り，それを活かすような目標と目標達成の手段を考えることを意味する（図表 8-2）。

戦略に基づく企業行動の中身

戦略はどのようにブレークダウンされてヒトの振る舞いを左右するのか。ヒトの振る舞いの積み重ねがいかに戦略に結び付くのか。ここでは，私たちがヒトの振る舞いを見ることができるコンビニエンスストアを例にあげて，理解を深めていこう。

コンビニエンスストアで顧客が商品を買う，という状況を想定しよう。コンビニエンスストアで顧客が商品を買うと，どのような顧客が，どの商品を，いつ，どこで，いくらで購入したのかが記録される。同時に，どの従業員（店員）が商品を確認し，代金を受け取ったのかも記録される。この顧客の振る舞いと従業員の振る舞いは記録され，企業内に蓄積されて，分析される。振る舞いの分析結果を踏まえて，オペレーションの見直しが行われる。具体的には，従業員の対応が適切であったかどうか（ヒトの課題），商品の過不足やレジや棚などの設備の不具合はなかったか（モノの課題），商品代金に過不足はないか（カネの

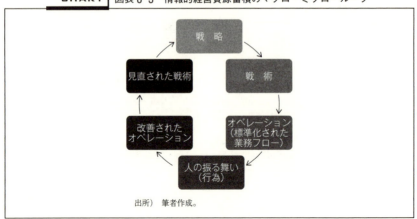

CHART　図表8-3　情報的経営資源蓄積のマクロ・ミクロ・ループ

出所）筆者作成。

課題)，キャンペーンや商品情報の提供は効果があったか（情報の課題）といった事柄が検討される。

　このようにして，ヒト，モノ，カネ，情報といった経営資源に関する課題を抽出できれば，課題を解決すべく方策を考えることができる。具体的には，従業員の業務マニュアルや訓練を見直したり，店舗に配送する商品の品数や数量を見直したりする。こうした課題抽出と課題解決の検討を通じて，より良いサービス（商品の販売の仕方）を見出すことができれば，それは新しいオペレーションの方法として定着するだろう。オペレーションが見直されれば，それを踏まえて，実際の店舗や配送，従業員の振る舞いが変わり，その振る舞いが再び記録されて，蓄積，分析される。こうして，繰り返し，実際のヒトの振る舞いとオペレーションの見直しが行われることで，「店舗で商品を売る」というサービスの改善が行われる。

　さらに，振る舞いの分析に基づくオペレーションの変化は，その店舗を含む戦術の見直しを迫る場合もある。そもそも店舗が顧客にとって必要なのか，競合他社の店舗よりもいかにして顧客を惹きつけるかといった課題を見出し，それを解決するために意思決定をして，戦術を変更する。その先では，戦術の見直しを通じて，コンビニエンスストアを運営する企業の，より長期的な戦略が変わっていくだろう（図表8-3）。

　このように，具体的なヒトの振る舞いが起点となって，オペレーション，戦

術，戦略が徐々に塗り替えられていくことがある。これは，ボトムアップの戦略形成と呼ぶことができる。反対に，すでに述べたように，戦略は戦術を規定し，戦術に従ってオペレーションの内容が決められ，それに基づいて従業員などのヒトが振る舞う場合，トップダウンで戦略が立案，形成され，企業の内外で繰り広げられるヒトの振る舞いを変えていくといえる。

企業の独自性の形成

　振る舞いを起点としたボトムアップであっても，トップダウンの戦略形成であっても，戦略などの計画に基づいて，ヒトを中心とした経営資源が動き，その動きの結果を踏まえて計画が見直されていくフィードバックループは同じである。したがって，企業は，計画と実行の繰り返しを経て，少しずつ製品やサービスを改善していくと見なせる。

　このような計画と実行を通じた企業行動の変化は，「コンビニエンスストアで商品を売る」というサービスだけではなく，他のビジネスでも見られる。新しい製品サービスを創り出す開発，顧客に提供可能な状態の製品やサービスを造る製造（サービス提供），店舗やWebサイト通じて製品やサービスと金銭を交換する販売といった企業の主要な活動は，計画と実行の繰り返しである。さらに，こうした「創って，作って，売る」という主要な活動を支える，人事やファイナンスなどの企業活動も計画と実行の繰り返しである。

　計画と実行の繰り返しの中で，企業とその中のヒトは，他社とは違う経験を積む。私たちが何気なく繰り返している「コンビニエンスストアで商品を買う」，「インターネットを通じて証券などを売り買いする」といった行動も，企業の側から見れば，1回1回違う事柄であり，他社が経験しない事象として記録される。この経験の違い，より正確にいえば，違う経験の積み重ねが，企業の独自性（uniqueness）の源になる。この企業の独自性は，企業の内部のオペレーション，それによって作り出される製品やサービス，そして利用者への働きかけであるマーケティングに反映される。さらに，ICT（経営情報システム）により多くの経験はデータとして蓄えられ，分析されて，計画と実行の見直しを促す。したがって，ICTを活かすことで，企業はそのさまざまな活動において，他社との違い，自社の競争優位を作り出すことができると考えられる（図

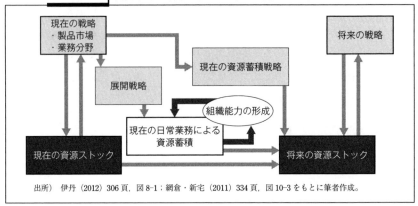

CHART 図表 8-4 時間を通じた企業の独自性の形成

出所）伊丹（2012）306 頁，図 8-1；網倉・新宅（2011）334 頁，図 10-3 をもとに筆者作成。

表 8-4）。

　ただし，私たち人間と同じく，企業は，単に経験しただけでは自社の独自性とそれに基づく強みと弱みを認識できない。経験を振り返り，現在と将来において役立つように整理し，分析することが必要である。その際に意味を持つのがデータである。データとして記録される企業の経験を，情報システムも活用し，意味のある情報や価値のある知識へと転換する。情報システムを利用してデータを分析する行為は，まさに，企業が経験した事象を整理し，将来に活かすために行われる。言い換えれば，情報システムとデータを使いこなして自社が経験した事象を分析し，解釈することで，本当に意味のある，他社にはない仕事の進め方（業務遂行）を作り出す可能性が開ける。過去の多くのヒトの計画と実行の結果である経験は，データと情報として企業の中で記憶され，その中のいく分かは知識へと昇華されていく。この過去の経験に根ざした知識があるからこそ，現在の企業は独自の行動を取ることができる。そして，私たちが目にする「あの企業にしかない」製品やサービスが実現される。この一連の活動は，他社との差別化の源泉になる，企業の情報的経営資源が形成される過程である。

　1980 年代以降，前節で述べたような企業の独自性が作り出される現象を，ICT の活用に沿って明らかにしようとする研究が行われてきた。その背景には，ICT，とくに情報システムに対する投資が，それに見合う効果をあげられているのかという問いがあった。そのひとつが，第 1 章で紹介した「IT 生産性パ

ラドクス」の議論であった。そこで，企業行動とそれが成果に結び付く論理を，RBV を中心とした議論を踏まえながら情報システムを明示的に組み入れて，企業成果との関係を解きほぐそうとする研究が現れた。そこでは，ICT を使いこなす組織の力，すなわち IT ケイパビリティ（IT capability）が重要な概念となる（Bharadwaj, 2000）。

 情報システムと競争優位：人的機構と機械的機構の相互作用

情報システムによって可能になったこと

第 1 節で見たコンビニエンスストアの例でも，企業が競争優位を構築するために情報システムが一定の役割を果たしている。もちろん，情報システムが経営資源と組織能力の蓄積に貢献することは，現代企業の多くに当てはまる現象である。そこで，いままでの議論を踏まえ，情報システムを中心に据えて，経営資源や組織能力の蓄積がどのように進むのかを考えていこう。経営における情報システムのひとつの意義は，企業の内外で繰り広げられるヒトの振る舞い（行為）を記録し，蓄積し，分析可能にすることにある。

ヒトの振る舞いの把握とその分析，分析に基づく課題抽出と解決策の案出は，いまのような ICT がない時代にも行われていた。しかしながら，ICT と情報システムは，ヒトの振る舞いなどの経営資源の動きをより正確に，自動的に，多面的に記録することを可能にした。さらに，企業に所属する従業員だけではなく，企業の境界の外にいる顧客や取引先企業の従業員やモノやカネといった広い範囲の資源の動きも把握できる。

加えて，デジタルデータで記録された，広範囲のヒト，モノ，カネの動きは，際限なく蓄積することができる。このような正確さ，自動性，多面性，範囲の広さ，時間の長さを持つデータの記録は，情報システムによって現実のものになった。

ただし，大量の多様なデータを蓄積しても，それを分析し，意味のある情報を抽出し，普遍性がある知識に変換できなければ，企業の独自性と競争優位の源にはなりえない。そこで，データの分析手法も重要になる。したがって，情

報システムを構築し，その性能を向上させることのもうひとつの意義は，データを処理し，情報や知識に変換する力を向上させることにある。

　以上をまとめると，情報システムを利用することによって，企業は，その経験を克明に記録できる。そのうえで，それを意味のある情報，価値のある知識に変換して，他社に対する自社の独自性を創り出すことが可能になる。

情報システムの模倣困難性

　ただし，情報システムは模倣が容易であることには注意を要する。情報システムを構成するハードウェアも，ハードウェアの上で走るソフトウェアも，ある企業が優れたものを持っていていれば，他社も同じものを導入しようとする。たとえば，POSシステムを含むコンビニエンスストアの情報システムは，セブン-イレブンが先行して構築した。しかし，このシステムを使うと効率的に商品が販売でき，高い利益率を得ることができるとわかると，競合他社も同様のシステムを導入した。結果として，セブン-イレブンにとって，経営情報システムだけでは他社との差別化は難しくなっていった。

　しかも，現在のように，情報システムの構築を，ITベンダーやコンサルティング企業のような外部の専門企業に委ねている場合には，情報システムの模倣を防ぐことは，よりいっそう困難になる。では，他社による模倣を防ぐために，外部の専門企業ではなく，自社内で開発すればよいだろうか。それには一定のコストがかかり，良いシステムが構築できるとは限らないという課題が伴う。したがって，独自の情報システムを構築することのメリットとコストを勘案して，情報システムの構築を自社で行うか，他社に委ねるかの意思決定（make or buy）を行う必要がある。このとき，情報システムを自社で構築するか，外部企業に委ねるかの意思決定は，単純な二分法ではない。一定の部分を自社で構築し，その他の部分を他社に委ねる，というメリハリの効いた境界設定も可能である。

　さらにいえば，データの収集と蓄積，処理と活用においては，情報システムだけではなく，それを扱うヒトの力も重要である。すなわち，情報システムの構築，運用，活用もまた，ヒトの振る舞いによって変わりうる。逆にいえば，たとえ同じハードウェアとソフトウェアで情報システムを構築しても，それを

132 ● CHAPTER 8　どのように情報システムを使いこなすのか

使いこなすヒトの能力と行為が異なれば，違う情報と知識が得られる。この意味において，情報システムとその運用もまた，計画と実行の繰り返しの中で改善され，研ぎ澄まされていく。そして，長い時間をかけて改善が積み重ねられ，研ぎ澄まされた情報システムとそれを活用する組織能力は，模倣困難になりうる。

経営情報システムと競争優位

では，具体的に，どのように経営情報システムは企業の中に位置づけられるのか。経営情報システムの存在を加味して，戦略，戦術，オペレーションとの関係をあらためて見てみよう。

第1に，戦術に基づくオペレーションの結果を測定して評価し，戦術の見直す局面で，情報システムは役割を有する。このフィードバックループを回すためには，オペレーションの効果を測定するためのデータとはどのようなものか，それをいかに処理してオペレーションを改善するために役立つ情報や知識を得るかを考える必要がある。戦術とオペレーションのフィードバックループを支えるICTのシステムは，他の情報システムと区別して，業務フローを対象としたシステムと呼べるだろう。

第2に，企業もしくは事業部において戦略が立案され，それを戦術にブレークダウンして実行していく局面でも，戦略と戦術の有効性を判断するためのフィードバックループが回る。その一環として，情報システムは戦術の効果を測定するデータを集められるように設計される。情報システムとデータが備わっていることを前提にして，戦術の効果を収集したデータに基づいて評価し，戦術の妥当性が評価される。

さらに，戦術を実行した結果を分析すれば，ヒトは妥当性の高い関係性（仮説）を立てる。ある戦略に基づく戦術の有効性を，ヒトが情報システムを利用することによって確かめる。その戦術の有効性が高いと判断されれば戦術は維持されるが，有効性が低いと判断されれば戦術の見直しが行われる。加えて，戦術を実行した結果が戦略と合致しないことが確かめられた場合には，戦略の見直しが行われる場合もある。その際にも，情報システムが集めるデータと，それを分析して得られる情報や知識が役立てられる。したがって，経営情報シ

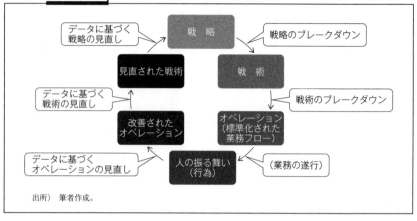

図表 8-5 データに基づく戦略，戦術，オペレーションの見直し

出所）筆者作成。

ステムは，戦略と戦術のフィードバックループを回すために役立てられる。

　以上の関係を図示すると，図表 8-5 のようになる。

SUMMARY

　本章では，企業が情報システムとデータを使いこなして他社とは異なる行動を取り，高い成果をあげる論理を考えてきた。企業は，事業を展開する過程で経営資源と組織能力を培い，それが成果につながる。その中で，情報システムとデータは，戦略や戦術，オペレーションといった計画の妥当性を確かめ，より良いあり方を探り，実行した結果を記録していく形で貢献する。

　それぞれの企業の独自の経営資源と組織能力は，戦略，戦術によって枠組みが与えられた中で，企業に関わるひとりひとりが，日々，より良い製品やサービスを提供しようとして振る舞うことによって形作られる。情報システムとデータは，ヒトの振る舞いやモノの動きを正確に，自動的に，長い時間にわたって蓄積することで，過去の振る舞いや企業行動を振り返る局面で役立つ。情報システムとデータによって，過去を適切に評価できるからこそ，将来に向けて，妥当な戦略的打ち手を取ることができる。戦略に基づく企業行動，それをミクロなレベルで支えるヒトの振る舞いを支え，より効果的なものにする役割が情報システムに期待されている。

EXERCISE

みなさんが利用する特定の企業の製品もしくはサービスを選ぶ理由，すなわち，その企業の魅力は何だろうか。製品やサービスそのもの，あるいは店舗や店員さん，Web サイトの状況などから，その企業を選ぶ理由を考えてみよう。そのうえで，それが過去のいかなる経験に支えられているのかを，記事や書籍で調べてみよう。

読書案内　　　　　　　　　　　　　　　　　　　　　　　Bookguide

伊丹敬之（2012）『経営戦略の論理（第 4 版）：ダイナミック適合と不均衡ダイナミズム』日本経済新聞出版。
　→本章で紹介した企業の経営資源と組織能力，そして独自性の形成に関する議論は，この書籍に基づいている。経営戦略と企業経営を考えるうえで，手に取りたい本である。

CHAPTER 第9章

どのように顧客の欲求を満たすのか

ICT マーケティング

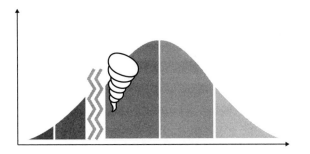

　企業が消費者に価値を提供するための重要な活動であるマーケティングには，今や ICT の力が欠かせない。インターネットが普及するにつれてマーケティングは大きく様変わりし，デジタル広告や SNS マーケティングといった新しい手法が続々と登場している。また，インターネットビジネスの成功には，従来のビジネスとは異なるマーケティング戦略が必要とされる。本章では，マーケティングと ICT との関係に注目し，そのつながりを深く探っていこう。

KEYWORD

セグメンテーション　ターゲティング　Z世代　インフルエンサー　クロスメディア　キャズム　トルネード

1 マーケティングとは

マーケティングの重要性

　マーケティングとは，製品やサービスを必要としている顧客に，その価値を提供するための一連の活動のことである。マーケティングといえば，「広告やCM」というイメージを持つ人も多いだろうが，市場調査，製品開発，価格設定，広告宣伝，プロモーション，販売チャネルの構築といった幅広い活動に当たる。企業はこれらの活動を通じて顧客のニーズを正確に把握し，それに応える製品やサービスの市場を創造した結果，利益をあげることができる。

　現代のマーケティングでは，ICTの活用がきわめて重要である。なぜなら，ホームページやSNSを使うことで，企業は顧客と密なコミュニケーションを取り，迅速にフィードバックを得ることが可能となるからだ。また，新しい技術を用いることで，顧客の潜在的な欲求にも迫ることができる。技術の進歩とともに，顧客満足度を高めたり，長期的な関係を築くことを目指したさまざまなアイディアの実現への取り組みが行われている。

セグメンテーションとターゲティング

　マーケティングの基本は，市場を正しく理解することである。「市場を理解する」とは，どこにどのような顧客がいるのかを分析し，どの顧客を狙うのかを決定することである。前者をセグメンテーション（市場の細分化），後者をターゲティング（標的市場の選定）という。

　セグメンテーションとは，類似したニーズを持つ消費者をひとつのかたまり（セグメント）として捉えることである。市場にはさまざまなタイプの顧客が存在するが，マーケティング戦略上，同質と考えることができるグループに分け

138 ● CHAPTER 9 どのように顧客の欲求を満たすのか

CHART	図表 9-1　セグメンテーションの 2 つの軸

デモグラフィック変数	サイコグラフィック変数
・地域　　　　　　　　・所得 ・都市人口（規模，密度）・職業 ・気候　　　　　　　　・教育 ・年齢　　　　　　　　・宗教 ・性別　　　　　　　　・社会階層 ・家族（人数，構成） 　　　　　　　　　　　　　など	・パーソナリティ　　・過去の購買状況 ・ライフスタイル　　・使用頻度 ・生活価値観　　　　・求めるベネフィット ・ロイヤリティタイプ・購買パターン 　　　　　　　　　　　　　　など

出所）筆者作成。

る作業がセグメンテーションである。このプロセスにより，市場の多様な顧客が理解しやすくなり，効果的なマーケティング戦略を立てられるようになる。

　セグメンテーションの軸は大きく「デモグラフィック変数」と「サイコグラフィック変数」との 2 つに分けられる（図表9-1）。デモグラフィック変数には，性別，年齢，所得，職業，学歴，世帯規模，地理的変数などが含まれる。また，サイコグラフィック変数は，消費者の生活パターンやライフスタイル，製品に対する態度や行動に基づいた分類軸である。

　なお，セグメンテーションには複数の軸を使うことが一般的であるが，一般的な軸を使うかぎり，他社との差別化は難しい。しかし，むやみに細分化すればよいというものでもなく，適切なバランスが求められる。

　一方，ターゲティングとは，セグメンテーションを行って市場をいくつかのセグメントに細分化した後，どのセグメントに対してマーケティングを行うかを検討することである。各セグメントの特性やニーズを考慮し，最も効果的にアプローチできるターゲットセグメントを選定することが重要である。これによって，限られた資源を最も効率的に活用し，最大の効果を得ることができる。

　ターゲティングでは，単一のセグメントを選ぶことが典型的であり基本であるが，他社との違いを出したり，広がりを持たせるために複数のセグメントを組み合わせることもある。複数のセグメントに対して優先順位をつけてアプローチすることが，戦略の幅を広げるうえで重要である。

スタディサプリで考えるセグメンテーションとターゲティング

　高校生に進路情報を提供する事業を展開していたリクルートは，予備校がな

1　マーケティングとは　● 139

い地方の生徒や，金銭的余裕がない家庭の生徒が，進路選択で制約を受けていることに気付いた。そこで，2012年頃，高校生にも普及が進んでいたスマートフォンの動画配信を使ったサービスを企画しようと動き出した。これが，オンライン予備校「スタディサプリ」のはじまりである。

「スタディサプリ」は当初，1講座（60分×10講義）5000円の買い切り型で提供された。この価格は，通学制の塾と比べると格安であったが，オンラインサービスに払える金額としては高額であることがわかった。そこで，半年後に月額980円のサブスクリプション型に変更し，提供されている動画は見放題とした。この価格設定は，当時のユーザ数ではとうてい利益が見込めない水準であったが，教育格差をなくし，中長期的に社会貢献をするという経営判断によるものだった。

その結果，会員数は急増した。それだけでなく，地方の高校から「放課後学習用に導入したい」という要望が寄せられるようになった。実は，このサービスの開始当初は，学校から敵視されるようなサービスと受け取られかねないのでは，と懸念していたのだが，最高の教育コンテンツを提供しようとするコンセプトは，逆に学校教育との共創の道が開かれるものだったのである。その後，「スタディサプリ」は全国の高校の約4割に導入されるまでに至っている。

このケースでは，セグメントの軸は，「地方」，「所得」というデモグラフィック変数と，「大学受験をしたい」，「スマホを使う」というサイコグラフィック変数であった。そして，「予備校が少ない地方や，高額の予備校に通うのが困難である大学進学を希望する高校生」をターゲットとして，スマートフォンでサブスクリプション型の動画サービスを提供したのである。その後，ターゲットは「地方の高校生」から「全国の高校」へと広がったが，最初から両方を同時に狙っていたら成功しなかっただろう。高校の授業では補えない，個人の学習レベルや志望に応じて使い放題の講義が見られるというサービスが実績を上げた結果，高校から導入の問い合わせが増えたのである。

このように，当初はターゲットを絞り，その後広がっていくケースもある。一方で，二兎を追う者は一兎をも得ずということも多いため，注意が必要である。

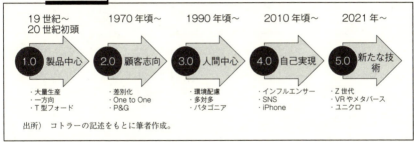

出所) コトラーの記述をもとに筆者作成。

マーケティング1.0から5.0へ

　マーケティングは時代とともに絶えず変化しているため，従来の手法だけでは市場競争に勝つことはできない。マーケティングの巨匠と称されるコトラーは，これまでに1.0から5.0までの「5段階の進化」を遂げていると説明している（図表9-2）。

　マーケティングという概念が誕生したのは，産業革命後の19世紀から20世紀初頭である。この時代に現れたのが，「マーケティング1.0」である（Kotler et al., 2010）。この特徴は「製品中心」であり，大量生産で価格が抑えられた製品を，より多く売ることを目指し，企業から顧客への1方向のコミュニケーションのみが行われた。ヘンリー・フォードは「顧客はどんな色のT型フォードでも買うことができる──それが黒であるかぎり」と言ったとされるように，部品を標準化して数を減らした「究極の1車種」を量産して，大々的に宣伝して，一気に大衆に車を広めることに成功したのである。

　しかし，1970年ごろになると，似たような商品が市場にあふれ，企業間の価格競争が激しくなった一方で，顧客は人と違うものや，自らが欲しいものを選ぶようになった。この時代は「マーケティング2.0」として，顧客のニーズを探り満足させるという「顧客志向」のアプローチへと変わった。P&Gでは「お客様がボス」という価値観が全社で共有され，世界中のさまざまな文化やニーズを持つ顧客に常に向き合う姿勢で次々とヒット商品を企画・販売し，著しい成長を遂げたのである。

　そして，1990年頃から，「マーケティング3.0」が登場した。きっかけは「インターネット」の普及である。顧客はこれまでとは比べられないほど詳細

な情報を得られるようになった結果，商品のデザインや品質だけではなく，環境問題への対応や教育への配慮といった企業姿勢に強い関心を持つようになった。これが，「人間中心のマーケティング」の時代の幕開けである。アウトドア製品を扱うパタゴニアは，製品の性能やデザインもさることながら，徹底した環境配慮という企業姿勢から顧客に熱狂的な支持を受け，成長を遂げたことで知られている。

　2010年頃から，「マーケティング4.0」が注目を集めるようになった（Kotler et al., 2017）。この時期は，SNSやブログなどの普及が進み，顧客自身にとって精神的な価値を満たす商品が求められるようになった。つまり「自己実現のマーケティング」である。そして，顧客との信頼関係をより高め，さらに「周りに広めてもらうこと（インフルエンス）」を重視するようになった。アップルは，iPhoneやMacBookなどスタイリッシュな製品をいち早く持つことや，App Storeでの特別の体験を通じて顧客であることに誇りを持つ人々を軸にしたマーケティングに成功している。

　そして，2021年に「マーケティング5.0」が発表された（Kotler et al., 2021）。これは，VR（バーチャルリアリティ），AI（人工知能），IoT（モノのインターネット）といった「新たな技術（ニューテック）」を活用して，特別な「顧客体験価値（UX：ユーザエクスペリエンス）」高めようとするマーケティングである。その一方で，「共感や柔軟性」といった人間にしかできない部分は人間が担うことで，両方の良さを活用すべきという点を強調している。この背景には，世代間ギャップ，富の二極化，デジタルデバイド（情報格差）など，さまざまな格差が拡大していることがある。ユニクロは，Web上での素材イメージやフィット感のわかりやすさを追求したり，アプリでのネット通販に力を入れたり，かごを置くだけで会計ができるレジの導入といったICTの顧客新体験を追求する一方，店舗のスタッフによる丁寧な接客を心がけている。

　人間が生み出した技術，なかでもICTの進化はマーケティングの進化と多様化をもたらし，顧客に合わせたアプローチがますます重要とされるようになった。企業には，これまでの変遷やその背景をしっかりと理解し，今後の変化にも敏感に対応できる能力が求められるだろう。

142 ● CHAPTER 9　どのように顧客の欲求を満たすのか

CHART 図表 9-3　年代別ネット利用項目別利用時間

インターネットの利用項目別の平均利用時間：令和4年度，平日（全年代・年代別）

（単位：分，かっこ内は標本数）

	全世代 (3,000)	10代 (280)	20代 (434)	30代 (490)	40代 (638)	50代 (614)	60代 (544)
メールを読む・書く	40.3	16.1	39.2	41.1	52.4	48.4	29.8
ブログやウェブサイトを見る・書く	26.4	18.7	30.7	29.2	33.7	27.4	14.8
ソーシャルメディアを見る・書く	43.3	64.2	87.3	48.2	38.6	26.6	17.4
動画投稿・共有サービスを見る	51.0	91.1	99.9	57.1	38.9	28.7	25.4
VODを見る	15.7	20.3	28.7	16.2	14.8	11.9	7.8
オンラインゲーム・ソーシャルゲームをする	19.9	36.9	54.4	20.5	12.9	5.9	7.0
ネット通話を使う	4.8	19.0	10.5	1.1	1.7	3.5	1.2

出所）総務省『令和4年度情報通信メディアの利用時間と情報行動に関する調査』より。

Z世代とインフルエンサー・マーケティング

　コトラーの「マーケティング 4.0」以降，とくに大きな変化は，SNS を利用したマーケティングの登場である。そこでカギになるのが，「Z 世代」と「インフルエンサー」である。

　Z 世代とは，乳幼児期からデジタルデバイスに触れた 1990 年代後半から 2010 年前後に生まれた若年層を指す言葉として，今後ますます市場やビジネスの中心になる世代と注目されている。

　Z 世代の特徴は，動画や SNS を通じて買い物や学習，情報収集を行うこと，借金を嫌い貯蓄と投資を好むこと，そしてクーポンやマス広告には興味を持たずターゲティングされた広告に反応することなどがあげられる（Dorsey and Villa, 2021）。なお，日本でも実際に，Z 世代は検索や広告からではなく，SNS や動画から情報を得る傾向が明らかになっている（図表 9-3）。

　そして，動画や SNS を通じたマーケティングに大きな影響を与える存在が「インフルエンサー」である。インフルエンサーとは，人々や社会に対して何らかの情報を発信し，感情や行動に大きな影響を与える人物のことである。そ

1　マーケティングとは　● 143

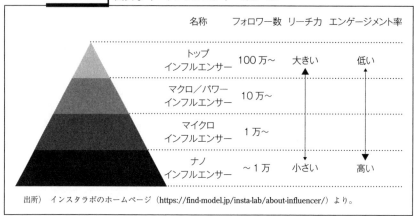

図表9-4 インフルエンサーのレベル

出所）インスタラボのホームページ（https://find-model.jp/insta-lab/about-influencer/）より。

して，「インフルエンサーマーケティング」とは，口コミを通して購買など消費者の行動に影響を与えるコミュニケーション型のマーケティング手法である。

インフルエンサーが消費行動に与える影響力はますます高まっており，その結果，インフルエンサーマーケティングは，業種や企業規模の大小を問わず定着してきている。

なお，「インフルエンサー」と一口でいっても，トップインフルエンサーからナノインフルエンサーといったレベルまでが存在し，それぞれのレベルによってリーチ力やエンゲージメント力が異なる（図表9-4）。リーチ力とは，広告やメッセージがどれだけ多くの人々に届いたかを示し，具体的には視聴者やユーザの目に触れた人数や割合のことである。一方，エンゲージメント力とは，広告やメッセージが受け手からどれだけの反応や関与を引き出したかを示し，具体的にはSNS上のいいねやコメント，シェアなどの反応や，ウェブ上のクリック率などの行動を示す。

インフルエンサーのレベルによってかかるコストは当然異なるため，企業はその目的と期待する効果に合わせて使い分けることが重要である。

「ステマ」という問題とその対応

一方で，大きな社会問題にも問題になっているのが，いわゆる「ステルスマーケティング（ステマ）」である。ステルスマーケティングとは，広告主が広

告であることを隠したまま宣伝する行為のことであり，いわゆる「やらせ」や「サクラ」などもこの一例に分類される。OECD 加盟国でステルスマーケティングに関する明確な法規定がなかったのは日本だけであり，そのためにウェブサイトや SNS におけるステルスマーケティングが後を絶たない状況だった。

しかし，2023 年 10 月 1 日，景品表示法の不当表示の一類型として「ステルスマーケティング」が新たに指定された。しかし，あくまでも処分対象は広告主で，実際に SNS や動画などで宣伝を担う「インフルエンサー」ら投稿者は含まれない。そのため，ステマの効果に対しては限定的な影響しか及ぼさないと見られている。

この法令改正は一歩前進であるものの，ステルスマーケティングに対する取り締まりが適切に行われていくかは，今後の課題として残っている。消費者が広告と宣伝を明確に区別できる環境を整えることが重要であり，これによって公正な市場競争が促進され，消費者の権利や利益が保護されることが求められる。

② インターネットと広告

マーケティングといえば，広告を思い浮かべる人も多いだろう。近年の広告は，ICT の発展とともにどのように変化しているのだろうか。

日本の広告費の推移

インターネットの利用者数と利用時間が増えるにつれて，インターネット広告は急速に成長を続けている。2004 年にはラジオを抜き，2007 年には雑誌を，2010 年には新聞を抜いて広告媒体として 2 位に浮上した。そして，2019 年にはついにテレビを抜き，広告市場で 1 位の座に躍り出た（図表 9-5）。

読者の皆さんの中には，他の媒体にはほとんど触れない人がいても，インターネットに触れない人はいないのではないだろうか。こうした状況を踏まえて，広告主はインターネットを有効な宣伝手段として認識し，広告予算をオンライン広告に多く投入するようになった。その結果，現在では，インターネッ

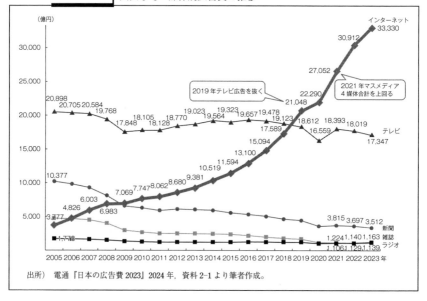

図表9-5　媒体別広告費の推移

出所）電通『日本の広告費』2024年，資料2-1より筆者作成。

ト広告の規模はマスメディア4媒体の合計を上回り，さらに成長を続けている。

インターネット広告の種類

　インターネット広告にはさまざまな種類があり，マーケティング手段として活用されている。ここでは，広告費の割合が高いものから順に紹介しよう（図表9-6）。

　まず最も比率が高いのは，検索連動型広告である。これは，特定のキーワードを検索すると，関連する広告が検索結果ページ上部に表示される形式で，興味を持っている人に直接リーチできるのが特徴である。次に，ディスプレイ広告である。これは，ウェブサイトやアプリ内の「四角い広告枠」に表示される画像やテキストなどの広告であり，従来の雑誌や新聞の広告に近いイメージである。

　最近とくに比率が伸びているのが，ビデオ広告である。これは動画形式の広告で，YouTubeなどの動画再生前に表示されるものでおなじみだろう。比率は下がるが，成果報酬型広告も重要である。これは，ユーザが広告をクリックし，特定のアクション（たとえば，商品購入，資料請求，会員登録）を行った場合

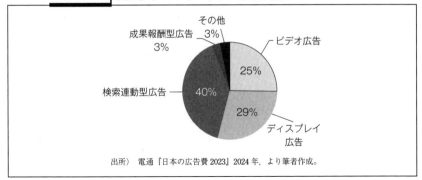

図表9-6 インターネットの広告種別

出所）電通『日本の広告費2023』2024年，より筆者作成。

に報酬が支払われる形式である。

インターネット広告の効果

このように大きなインパクトを持つようになったインターネット広告であるが，どのような効果があるのだろうか。その効果は，大きく3つに分けられる。

まず1つめは「インプレッション効果」である。これは伝統的な広告と同じく露出によって広告が見られる機会が増え，製品名はもちろんのこと，キャッチフレーズやイメージといったクリエイティブが視聴者に印象づけられる効果である。これにより，ブランディングや購買といった顧客の態度の変容が期待される。

2つめは「トラフィック効果」である。これは，インターネット広告独自の特徴であり，具体例として，「○○で検索してね」といった呼びかけが含まれる広告があげられる。これにより，視聴者は広告主が指定したサイトや情報を求めて検索し，さらなる情報の提供につながることが期待される。この効果は，広告主が設定した目標サイトへのアクセス数や訪問者数の増加などで評価され，広告の成功を測る重要な要素ともなる。

そして，3つめは「レスポンス効果」である。これもインターネット広告ならではの効果で，広告主が特定の視聴者にさらなるアクションを期待するものである。たとえば，アンケートの回答，懸賞への応募，会員登録などがこれに当たる。こうしたインタラクティブな要素を通じて，広告の効果をより高めることが期待される。

クロスメディアとメディアミックス

　企業にとって，限られた予算や時間の中で効果的なマーケティングを行うことは重要な課題である。インターネット広告の重要性が増しているが，すべてをそこに投入するのが最善とは限らない。各媒体をうまく組み合わせることがポイントとなる。

　メディアミックスとクロスメディアは，いずれも複数のメディアを活用する戦略であるが，アプローチが異なる（図表9-7）。

　メディアミックスは，テレビ，ラジオ，新聞，雑誌，インターネット広告，屋外広告など，異なるメディアを組み合わせて広告キャンペーンを展開する手法である。

　たとえば，新製品の発売時にテレビCMで広い世代にアピールし，ラジオで特定のターゲット層にアプローチし，さらに新聞や雑誌で詳細な特集記事を掲載する。これにより，多様な視聴者に商品の魅力や特長を訴求できる。また，インターネット広告を活用して，ターゲット層の興味を引きつけ，購買に結び付けることも一般的である。このようにメディアミックスの目的は，広告効果の最大化やブランド認知の向上，消費者の購買意欲の喚起である。特定のメディアに依存せず，リスク分散が可能であり，市場の変化に柔軟に対応できる。ただし，成功させるためには，各メディアの相乗効果を最大限に引き出す配分やタイミングの調整が重要であるため，予算配分や効果測定を行いながら，「足し算・引き算」をして，最適なメディアミックスを構築することが求められる。

　一方のクロスメディアは，異なるメディアを組み合わせ，それぞれの特性や強みを最大限に活用し，相乗効果を追求する手法である。たとえば，テレビ広告を見た視聴者をウェブサイトやSNSへ誘導し，情報の補完と購買促進を図るといった具合である。これにより，複数のメディアを通じてターゲットにアプローチし，効果的な広告キャンペーンを展開することが可能となる。

　つまりクロスメディアでは，異なるメディア同士の「かけ算」で新たな価値を生み出し，視聴者や消費者に多角的にアプローチできる。たとえば，テレビ×ウェブ，屋外広告×モバイルといった組み合わせにより，相乗効果が期待で

CHART 図表 9-7　メディアミックスとクロスメディアの比較

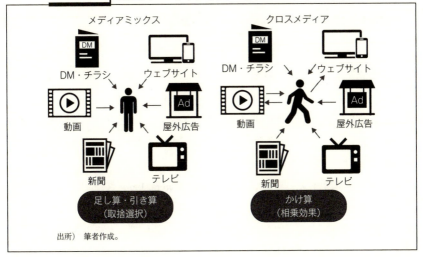

出所）筆者作成。

　きるわけである。この手法は，インターネットの普及に伴い，広告手法の多様化とコスト削減の必要性が高まる中で注目を集めており，その重要性はますます高まることが予想される。

3　インターネットビジネスのマーケティング戦略

　インターネットビジネスを成功させるためには，従来のビジネスとは異なるマーケティングの考え方が重要である。
　とくにこれまで見たこともないようなハイテク製品やサービスを成功させるためには，普及段階に応じたマーケティング戦略が必要となる。新製品がなかなか普及しない場合，そのボトルネックを見つけることが鍵となる。事前にどのようなことが起きるのか予想を立て，対策をたてられるかどうかで成果に大きな違いが生まれるのである。
　ここでは，ロジャーズのイノベーション普及に関する議論と，ハイテク製品のマーケティングに注目したジェフリー・ムーアの「キャズム」と「トルネード」について見ていこう。

重要なターゲットは誰か？：ロジャーズの普及理論

　スマートフォンは今や年齢を問わず誰もが使う時代になったが，最初は高価で流行の最先端を追う一部の人々だけが手にできるものだった。テレビや電子レンジなども同じように，発売当初は限られた人々だけが持つものだった。しかし，新製品は普及する過程で顧客のタイプやニーズが変化し，最終的には多くの人が使うようになる。このプロセスは，製品によらず一定の経路をたどるものである。

　ロジャーズは「イノベーション普及学」(Rogers, 1962)でこれを詳しく説明している。彼は消費者を「イノベーター（革新的採用者）」，「アーリーアダプター（初期少数採用者）」，「アーリーマジョリティ（前期多数採用者）」，「レイトマジョリティ（後期多数採用者）」，「ラガード（採用遅延者）」の5つに分類し，製品・サービスの普及段階を明らかにした。これにより，製品やサービスが市場でどのように受け入れられ，普及していくかを理解することができるようになったのである。

　「イノベーター」とは，新製品が発売されるとすぐに購入する「マニア」タイプの消費者である。彼らは価格が高くても，スペックが不十分でも気にしない。そして，内輪では情報を熱心に共有するものの，他のカテゴリーの消費者とはあまり交流しない。そのため，市場の行方を彼らが決定することは稀である。

　「アーリーアダプター」はイノベーターほどではないが，情報感度が高く，流行に敏感な新しもの好きな人たちである。イメージとしては，その分野に関する情報や知識を持ち，学校や職場で詳しく説明してくれるような人たちである。ただし，イノベーターとは異なり，新しさだけではなく，その製品の価値を理解して購入するため，企業にとっては重要な存在である。

　「マジョリティ」は，全体の7割を占める普通の消費者たちである。「アーリーマジョリティ」は比較的情報感度は高いが，新製品の採用には慎重な人たちである。彼らの購入が進むと市場は急成長する。一方，「レイトマジョリティ」は，新製品の採用にさらに慎重で，製品のサポート体制が整い，使い勝手が良くなって世間で広く使われるようになったときにやっと購入する人たち

150 ● CHAPTER 9　どのように顧客の欲求を満たすのか

である。

　最後に、「ラガード」は非常に保守的で、新製品の普及が進んだ最後にようやく購入するタイプである。

　ロジャーズは「市場の16％に位置づけられるイノベーターやアーリーアダプターの攻略が、その商品が普及するかどうかを左右する」とした。これを、「普及率16％の論理」という。つまり、この人たちをいかに魅了し、味方につけるかが、その後の普及の鍵を握ると述べたのである。

┃ キャズムという大きな溝 ┃

　一方ムーアは、ハイテク製品の普及サイクルにおける「キャズム理論」を提唱した（Moore, 1991）。キャズムとは、「大きな溝」の意味である。キャズム理論では、初期市場（イノベーター、アーリーアダプター）とメインストリーム市場（アーリーマジョリティ、レイトマジョリティ）との間に「キャズム」が存在し、それを乗り越えないかぎり新しい製品はメインストリーム市場で普及しないというのである。

　すでに述べたとおり、初期市場の消費者が製品を採用する際に重視するのは「新しさ」である。彼／彼女らは流行に敏感で、新しい製品を積極的に使いたいという好奇心を持ち、誰も使っていない商品を先に手に入れることに価値を見出す。これに対し、メインストリーム市場の消費者は、信頼して使えるかどうかや他の消費者が採用しているかなど、「安心感」を重視する。

　ハイテク製品においては、新しい機能やリスクがわかりづらいため、彼／彼女らの間に存在する「キャズム」が大きな障壁となる。新しもの好きであっても、安心感や機能に納得できなければ、メインストリーム市場の消費者は購入しない。たとえば、自動運転機能がついた自動車に少し興味を持ったとしても、「種類が多すぎてわからない」、「値段が高くて安全性が不明確」、「もっと良いものが出るかもしれない」といった状況が解消されないかぎり、マジョリティは購入に踏み出せず、その後いつまで経ってもなかなか普及が進まなくなってしまう。

　キャズムを超え、初期市場からメインストリーム市場へ製品を普及させるには、事前に攻略法を用意する必要がある。そのひとつは、狭い市場にターゲッ

3　インターネットビジネスのマーケティング戦略　● 151

トを絞り込むことである。いきなり大きな市場を狙うのではなく，利用者が少なくても課題や問題が明確なニッチ市場をターゲットにシェアを伸ばし，その市場のナンバー1になることを目指す。この手法は時間と根気が必要であるが，着実にシェアを拡大することでキャズムを超えることができる。Uber は，シリコンバレーで働くスタートアップ企業に勤めるユーザをターゲットに据えて，その利便性やリスクが小さいことを体感してもらうことからスタートした。

　もうひとつは，アーリーマジョリティ向けのアプローチを，アーリーアダプターを活用して意識的に行うことである。ネスカフェは「ネスカフェアンバサダー」の活用でキャズムを超えた。ネスカフェアンバサダーとは，職場にコーヒーマシンを無料で置くことができる仕組みの「代表者」である。つまりアンバサダーが管理してくれることによって，コーヒー代だけを支払うだけで，オフィスの全員がいろいろな種類のコーヒーを飲むことができる。アンバサダーが勧めてくれたり，周りの人がコーヒーを飲む姿を見る中で徐々にネスカフェに対する信頼感や親近感を持ち，さらに品質やコスパといった疑問を解消できたことで，マジョリティにも広がっていったのである。

┃ トルネードによるゼロサムゲーム ┃

　同じくジェフリー・ムーアが提唱した「トルネード」は，キャズムとは対照的な現象を説明する概念である（Moore, 2005）。

　キャズムでは，実利主義者であるマジョリティたちがなかなか商品を買わないということが問題であった。しかし，商品の価値が徐々に浸透し，マジョリティが購入し出した結果，一気に需要が爆発することがある。この需要の爆発的な増加を指すのが「トルネード」である。

　ムーアがこの現象を「トルネード」と名づけたのは，その激しい需要の上昇が，竜巻が上昇気流によって勢力を増し，市場を一変させる様子に似ているからである。需要の急増は，まるで竜巻のように市場を大きく変えてしまう。

　このトルネード期のマーケティング戦略として重要なのは，以下の3つである。第1に，競合他社を容赦なく攻撃すること。第2に，流通チャネルをできるだけ早く拡大すること。第3に，顧客対応を最小限にすることである。

　通常では考えられない戦略に見えるが，トルネード期のマジョリティは，周

152 ● CHAPTER 9 どのように顧客の欲求を満たすのか

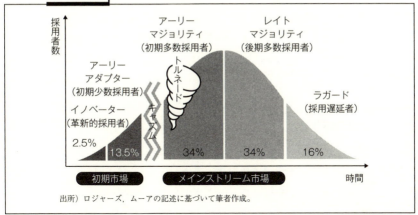

図表 9-8　普及曲線とキャズム，トルネード

出所）ロジャーズ，ムーアの記述に基づいて筆者作成。

囲と同じであることの安心感を重視し，選択肢が複数あることを望まない。そのため，細かいニーズに応える必要はなく，マジョリティが迷わず製品を購入できるようにすることが重要である。この戦略により，トルネード期における市場での成功が可能となる。

たとえば，日本でスマートフォンが普及した 2010 年代前半，多くの人々が iPhone を選んだ。ほかにもスマートフォンはあったが，選択肢が多すぎて迷う人たちは「とりあえず iPhone」を選んだのだ。スティーブ・ジョブズは「キャズムに落ちた企業はすべてを失い，トルネードに乗った企業はすべてを手に入れる」と述べている。マジョリティの顧客にとって，スマートフォンの機能や性能を比較するのは難しいため，みんなが使っていて安心できる iPhone が最良の選択肢だったのである。また，Apple Store のスタイリッシュさに圧倒される人も多かったが，なじみの量販店で iPhone を購入できるようになったことは，マジョリティの購入を後押しした。

このように，トルネード期に適切な戦略を採用することで，市場での爆発的な普及と成功を収めることができる。ジョブズが語るように，これは過酷なゼロサムゲームなのである。

メルカリの事例で見るキャズムとトルネード

メルカリは，ユーザが不要な物を手軽に売買できるアプリとして，2013 年

にサービスを開始した。起業家の山田進太郎が，スマートフォンの急速な普及を見て，これまでとは違ったスマートフォン上のCtoCプラットフォームが作れるのではないかと思いついたことがきっかけである。

　サービスを開始した当初は，節約志向が強く，スマートフォンを使いこなせる若い女性を中心に支持された。その段階で重視したのは，安全で信頼できる取引システムの構築と，とにかく使いやすいユーザインターフェイスである。ユーザ登録は簡略化し，購入も出品もできるだけ簡単になるようにデザインした。商品を出品するためには，商品の写真をスマホで撮ってアップし，自動で出てくるジャンルやサイズ，金額を指定するだけでよい。リリース後も，ユーザの行動や問い合わせを分析して，改善点はただちに対応した。

　ユーザ数はじわじわと増え，200万ダウンロードを達成した時点で，大規模なCMキャンペーンを展開した。その結果「キャズム」を超え，急激に会員が増加しはじめた。簡単で信頼できるサービスであるということが浸透し，マジョリティ層の支持を獲得することに成功したのである。先行するフリルやミンネに加え，メルカリの成功を目の当たりにしたラクマやラインモールといった企業が競争に加わり，一気に市場競争が加速し「トルネード」の様相を示したものの，「一番有名で，みんなが使っていて，わかりやすいサービス」というメルカリの戦略は見事に功を奏し，メルカリのひとり勝ちとなった。

　これは，ジェフリー・ムーアが提唱する「キャズム理論」と「トルネード理論」における典型的な成功例といえよう。まず初期市場で信頼と使いやすさを確立し，次にトルネード期において一気に市場シェアを拡大するという2段階を経て，メルカリは日本のフリマアプリ市場で圧倒的な地位を築くことに成功したのである。

SUMMARY

　本章では，企業が消費者に価値を提供するためのマーケティング活動において，ICTがいかに重要な役割を果たすかを見てきた。インターネットの普及により，マーケティング手法の中心はデジタル広告やSNSマーケティングなどへと進化してきた。また，現代のマーケティングで重要なインフルエンサーマーケティングの特徴や問題点，インターネット広告の現状と効果についても詳しく見てきた。

さらに，インターネットビジネスの成功には，従来のビジネスとは異なるマーケティング戦略が必要であることも明らかにした。そこで，普及曲線を基にした「キャズム理論」や「トルネード理論」を取り上げ，市場シェアを拡大するために重要な視点を探った。

　ICT を活用したマーケティング活動は，あらゆるビジネスにとって欠かせないものである。これらを理解することで，ビジネスの成長や新たな展開が期待できるだろう。

EXERCISE

・この章であげられている概念を使って，興味があるインターネット広告を説明してみよう。
・自分が興味のあるインターネットビジネスを調べてみよう。ムーアの議論に当てはまっただろうか。当てはまらないところがあった場合は，その理由は何だろうか。

読書案内   Bookguide ●

コトラー, F. ／カルタジャヤ, H. ／セテイアワン, I., （2022）『コトラーのマーケティング 5.0：デジタル・テクノロジー時代の革新戦略』恩藏直人監訳，朝日新聞出版。
　→マーケティングの過去から未来をつなぐ，理論的な土台と実践的な事例によって構成されている。マーケティングをより学びたい方におすすめ。
ドーシー, ジェイソン／ヴィラ, デニス（2021）『Z 世代マーケティング：世界を激変させるニューノーマル』門脇弘典訳，ハーパーコリンズ・ジャパン。
　→Z 世代の解剖書。Z 世代の方はもちろん，それ以外の方にも，多角的な視点を提供する 1 冊。
ムーア, ジェフリー（2014）『キャズム　Ver.2：新商品をブレイクさせる「超」マーケティング理論』川又政治訳，翔泳社。
　→本章で紹介した「キャズム」理論について，トルネード理論の解説も加わり，すべての事例を刷新した増補改訂版。

読書案内 ● 155

CHAPTER

第 **10** 章

どのようにチャンスをものにするのか

イノベーションマネジメントと企業経営

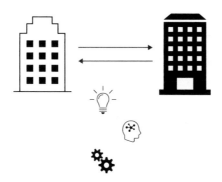

　イノベーションは，企業にとって大きなチャンスであると同時に大きな脅威でもある。これまで多くの新興企業がイノベーションによって既存大企業を超えてきたが，今後も ICT の発展とともに，この流れは続くのだろうか。
　本章では，なぜ既存大企業が新興企業に負けてしまうのか，そしてどのようにすれば既存企業がその挑戦に対抗し，競争優位を築くことができるかを考える。そこで，オープンイノベーションをひとつの解決策として注目して見ていこう。

> **KEYWORD**
> イノベーションマネジメント　　能力破壊型イノベーション　　ロングテール　　分断的イノ
> ベーション　　オープンイノベーション

1 イノベーションと企業経営

　現代のように市場がめまぐるしく変化する中で企業が競争力を維持するために
は，つねに新しいアイディアを生み，実現していく仕組みを構築することが
重要である。つまり，「イノベーションマネジメント」という視点が必要であ
る。

　イノベーションとは，それを最初に体系づけて理論化したシュンペーターに
よれば「新しいものを生産する，あるいは既存のものを新しい方法で生産する
こと」である（Schumpeter, 1934）。ここでの生産は「モノを作りだすこと」と
いう一般的な意味だけでなく，「利用可能な物や力を結合すること」という，
より広い意味を含んでいる。

　彼は，この定義をよりわかりやすくするために，以下の5つの項目にブレー
クダウンしている。ICT に関連する事例とともに見てみよう。

①プロダクトイノベーション（画期的な新製品・サービスの創出）
　・iPhone：多機能でタッチパネル式のスマートフォン
　・Tesla Model S：電気自動車市場において高性能な EV
②プロセスイノベーション（画期的な新しい開発・生産・流通プロセスの創出）
　・アマゾン（Amazon）の物流システム：ロボティクスと AI を活用した高
　　度な物流システム
　・Dell のダイレクトモデル：カスタマイズ PC を顧客に直接販売
③マーケットイノベーション（新しい市場や流通チャネルの創出）
　・Airbnb：個人の家や空き部屋を短期賃貸できるプラットフォームを提供
　・Uber：一般のドライバーのライドシェアリングサービスを提供
④マテリアルイノベーション（画期的な新しい部品や材料の創出）

158 ● CHAPTER **10**　どのようにチャンスをものにするのか

- 有機 EL：自発光する有機材料による高画質かつ低消費電力のディスプレイ技術
- カーボンファイバー：軽量で強度が高く耐腐食性の素材で航空機や自動車で採用

⑤システムイノベーション（画期的な新しいビジネスシステムの創出）
- AWS（Amazon Web Services）：クラウドコンピューティングで企業のITインフラのあり方を変革
- Salesforce：クラウドベースのCRM（顧客管理）システムで，企業の顧客管理方法を一新

以上の事例を見てもわかるとおり，ICTに関連するイノベーションは企業の成長や企業間競争，そして世界的な経済発展に果たす役割はますます大きくなっているといえる。

なお，シュンペーターは，イノベーションは，単なる空想や思いつき，発見や発明ではなく，市場で成功すること，すなわち「売れるモノ」であることを重視した。つまり，イノベーションは経済的成果をもたらすものであって，この積み上げこそが長期的な経済発展につながるのだと主張した。

 大企業が負けるという現象

マイクロソフト，アップルやグーグル，テスラ（Tesla）のように，イノベーションで成功をおさめて短期間で世界企業にまで上り詰める企業がある。一方で，イノベーションの対応に失敗したことが原因となって，市場から消え去る企業もある。

既存大企業は，ヒト，モノ，カネ，情報のすべての面で圧倒的な経営資源を持ち，大規模な研究・技術開発や製品開発への投資を行うだけの十分な余裕があるだけでなく，補完的な技術や，生産や物流の設備，販売チャネル，ブランド力などもあるため，普通に考えれば新規企業との競争において負けることはない。しかし，インパクトを持つ情報産業の新規企業の多くが，起業して数年で既存大企業を追い抜いて，高い市場価値があると評価されている（図表10-

CHART | 図表 10-1　株式時価総額世界ランキングと ICT 企業

(1)　1989 年

順位	企業名	時価総額（億ドル）	国名
1	NTT	1,639	日本
2	日本興業銀行	716	日本
3	住友銀行	696	日本
4	富士銀行	671	日本
5	第一勧業銀行	661	日本
6	IBM	647	アメリカ
7	三菱銀行	593	日本
8	エクソン	549	アメリカ
9	東京電力	545	日本
10	ロイヤル・ダッチ・シェル	544	イギリス

(2)　2024 年

順位	企業名	時価総額（億ドル）	国名
1	アップル	28,860	アメリカ
2	マイクロソフト	27,848	アメリカ
3	サウジアラムコ	21,856	サウジアラビア
4	アルファベット	17,589	アメリカ
5	アマゾン	15,408	アメリカ
6	エヌビディア	12,906	アメリカ
7	メタ	9,217	アメリカ
8	バークシャー・ハサウェイ	8,009	アメリカ
9	テスラ	7,644	アメリカ
10	イーライリリー	5,943	アメリカ

注)　網かけの行が ICT 関連企業。
出所)　米ビジネスウイーク誌 "THE BUSINESS WEEK GLOBAL 1000" 1989 年 7 月 17 日，2024 年 1 月 9 日。より筆者作成。

1)。

　以下では，そのような既存大企業の競争力に大きな負の影響を与えるタイプのイノベーションとして考えられる，「能力破壊型イノベーション」と「分断的イノベーション」を取り上げて見ていきたい。

3　能力破壊型イノベーションと大企業

　既存大企業の競争力に対して負の影響を与えるタイプのイノベーションの 1 つめは，「能力破壊型イノベーション」である。

　タッシュマンとアンダーソンは，過去に蓄積した資源や能力がまったく役に立たなくなってしまう「能力破壊型イノベーション」が起きた場合，大企業は厳しい競争を強いられるとした（Tushman and Anderson, 1986）。

　なぜなら，能力破壊型イノベーションが起きると，これまでの知識やノウハ

160 ● CHAPTER **10**　どのようにチャンスをものにするのか

ウは役に立たなくなるだけではなく，これまでの強みであった過去の蓄積が，逆に「しがらみ」としてマイナスに働いてしまう結果，新規企業が有利になるからである。

能力破壊型イノベーションの事例：アマゾン・ドットコム

インターネット小売業のアマゾンは，1994年にカダブラ・ドットコム（Cadabra.com）としてスタートし，翌年にはアマゾン・ドットコム（Amazon.com）に名称を変更して積極的に展開し始めた。創業者のジェフ・ベゾスは，市場シェアの拡大を最優先して投資を進め，短期的な利益を後回しにするという戦略を取った。このため，アマゾンは設立から7年目の2001年まで赤字続きで，経営状況は非常に厳しいと酷評されていた。

それにもかかわらず，アマゾンは既存の書店では実現できないビジネスモデルを次々と導入し，売上は伸び続けていた。たとえば，ホームページの作成者が本を紹介する際にアマゾンへのリンクを貼るアフィリエイト・プログラムをいち早く導入したり，既存の書店が「売れ筋」しか置けないなか，1年に1冊売れるか売れないかという商品でも幅広く扱う「ロングテール」戦略のアイディアは素晴らしいものだった。さらに，顧客の購買・閲覧履歴をもとに「おすすめ」する強力なレコメンデーション機能で，ユーザの満足度を高めながら売上げを上げることに成功した。また，迅速な配送を実現するための在庫管理システムや物流戦略は，既存の書店とは一線を画すものであった。

一方，アメリカ最大の書店チェーンであるBarnes & Nobleは，1965年にニューヨークで創業し，広大で高級感のある店内では，書籍だけでなく音楽・映像ソフトや文房具，雑貨なども扱っていた。また，読書会やサイン会などのイベントを開催したり，地域社会とのつながりを重視するなど，単なる書店以上の価値を提供したり，ブランド力を持っていた。

そのため，アマゾンが登場してからも，Barnes & Nobleはインターネット販売をあまり重視することなく，インターネットと実店舗は棲み分けができると考えていた。しかし，アマゾンの成功を目の当たりにしてからインターネット販売に本腰を入れ始めたものの，「ワンクリック」システムはアマゾンから特許侵害で訴えられ，まったく太刀打ちできなかったのである。

Column ❹ ロングテール

　ロングテールとは，アマゾンなどのインターネット上のビジネスモデルの成功を説明する概念として，クリス・アンダーソンが提唱した概念である（Anderson, 2006）。縦軸を販売数量，横軸を商品とした商品売上グラフにおいて，長い尻尾（long tail）のように見えるためこのように呼ばれる。このグラフは，販売機会の少ないニッチな商品を非常に幅広く取り揃えることによって，企業全体の売上げを大きくできるということを示している（図表 10-2）。

　マーケティングでは，これまで上位 20％の製品・サービスが全体の 80％の売上を占めるとされ（これを「パレートの法則」という），そのため売上上位の製品の販売に焦点を当てる傾向があった。しかし，インターネットビジネスでは，実店舗といった物理的な制約から解放されたことで，下位 80％からも得られる成果が総合的に見れば重要であることが明らかになったのである。

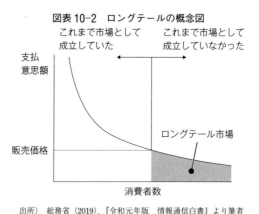

図表 10-2　ロングテールの概念図

出所）総務省（2019），『令和元年版　情報通信白書』より筆者作成。

　アマゾンは実店舗を持たず，書籍や CD などをインターネットを通じて販売する「インターネットショッピング」という新しい枠組みを作りだし，大成功を収めた。これは，既存の書店が持つ在庫管理や棚割りの知識やノウハウがほとんど役に立たない「能力破壊型イノベーション」だったといえるだろう。

4 分断的イノベーションとは

　既存大企業の競争力に対して負の影響を与えるタイプのイノベーションの2つめは，「分断的イノベーション」である。

　クリステンセンは，それが従来から重視されている既存の評価軸上でパフォーマンスを向上させる否かという基準で，イノベーションを2つに分類した（Christensen, 1997）。

　1つめのタイプは，既存の評価軸上でパフォーマンスを向上させるタイプのイノベーションの「持続的イノベーション（sustaining innovation）」である。

　それに対して2つめのタイプは，既存の評価軸上でパフォーマンスを（少なくとも短期的に）引き下げるが，別の評価軸上ではパフォーマンスを引き上げ，しかも既存の評価軸上でも，その後急速にパフォーマンスを向上させて既存製品との差を詰めていくタイプのイノベーションの「分断的イノベーション（disruptive innovation）」である。

　ほとんどの場合，技術は一定の進歩の流れを滑らかに進む。たとえば，HDD（ハードディスクドライブ）であれば，性能の向上とは，データ容量，単位データ容量当たりのコスト，アクセスタイムといったパフォーマンスの向上のことを意味する。こうした「既存の評価軸」でのパフォーマンス向上をもたらすようなタイプの技術変化は，その程度にかかわらず，これまでの技術進歩の流れから外れないという意味で，持続的イノベーションといえる。ここでは，既存大企業が引き続き強さを発揮できることがほとんどである。

　一方，既存の評価軸でのパフォーマンス向上をもたらさず，むしろ，短期的にはこうした面でのパフォーマンスを引き下げてしまいながらも，その代わりに「小ささ」や「軽さ」といった「別の評価軸」でのパフォーマンス向上をもたらすような技術変化が起きることがある。こうした技術変化は，従来の技術進歩の流れを途切れさせ，そこから外れた新たな別の技術進歩の流れの開始をもたらすという意味で，「分断的イノベーション」である（図表10-3）。

　こうした分断的イノベーションが生じた場合には，既存大企業は，十分に対

4 分断的イノベーションとは ● 163

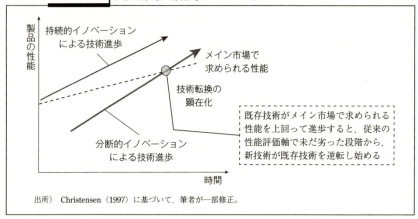

CHART 図表10-3 分断的イノベーション

出所）Christensen（1997）に基づいて，筆者が一部修正．

応できずに市場から撤退を迫られる一方で，新興企業が主役に躍り出る可能性がきわめて高くなるというのである．

イノベーターのジレンマ

このように，分断的イノベーションは，既存の評価軸と異なる価値基準では優れた面を持つものの，既存の評価軸ではこれまでの技術よりも性能的に劣っている．そのため，既存の主要なユーザは，通常，新技術に対して否定的な評価をしてしまう．クリステンセンは，こうした状況では，「イノベーターのジレンマ」という現象が起きてしまうという．

既存大企業は，既存の主要顧客の声は当然重視するが，まだ存在していない市場の顧客の声を聞くことはできないため，既存の主要顧客が望んでいないような新技術に積極的に投資することは難しい．

一方，新興企業は，新技術の優れた面に着目して開発を進め，既存の市場とはかけ離れた別の新たな用途や市場（ニッチ）を見つけ出して，市場に参入する．市場に出た当初は，規模は小さくて利益率も低いものの，ある程度の規模に成長した後では，今度は既存市場とのカニバリゼーション（共食い）を起こす可能性が高くなる．したがって，どちらにしても既存大企業が本気になって参入するのは困難である．

しかし，そのうち新技術が既存の評価軸でも戦えるレベルに追いついてくる

と，「単なるニッチ」から脱出し，ついには既存の市場も脅かすようになってしまう。この段階で，出遅れた既存大企業があわてて新技術に乗り換えようとしても，ニッチ市場で競争力をつけてきた新興企業には追いつくことができなくなっている。

　その結果，既存大企業は新技術に侵食されて儲からなくなった市場セグメントを捨て，旧技術の強みが活かせる，より高いパフォーマンスが求められる高付加価値の市場セグメントへと逃げ込むしかない。しかしそのうちに，そのセグメントにまで新技術を携えた新規企業に攻め上がられ，ついには市場からの撤退を迫られることになるのである。

　これが，クリステンセンの唱える「イノベーターのジレンマ」のロジックである。

分断的イノベーションの事例：携帯電話業界

　ここで，分断的イノベーションの事例として携帯電話業界を見ていこう。いわゆるガラケー（フィーチャーフォン）からスマホ（スマートフォン）への移行は，最終製品における分断的イノベーションの典型的な例である。

　日本国内での携帯電話の普及は1990年代から本格化し，1998年には世帯普及率が50％を超えるという急速な広がりを見せた。1999年にNTTドコモがiモードを，旧DDIセルラーグループがEZWebを開始し，インターネットサービスが利用できるようになった。さらに，2001年には京セラからカメラ付き携帯電話端末が発売され，「写メ」として話題となり，携帯電話は数年で私たちの生活に欠かせないものとなった。つまり，この時期には，インターネットニュースを見たり，ブログにコメントを投稿したり，ゲームやネットショッピングをするなどの多くのことが，パソコンではなくて，携帯電話で可能となったのである。

　利用の幅が広がると同時に，携帯端末（ガラケー）の開発競争も激化した。しかし，日本のガラケーのビジネスモデルは，垂直統合モデルと呼ばれる特殊な形態を持っていた。つまり，通信事業者（キャリア）が端末やサービスの仕様を決定し，端末メーカーやコンテンツ提供会社はそれに従うというものである。このため，端末やコンテンツがキャリアごとに囲い込まれ，新機能やサー

4　分断的イノベーションとは　● 165

ビスが足並み揃えて普及する一方で，利用者はキャリアと端末の組み合わせを選ぶことができず，コンテンツを他のキャリアで利用することもできなかったのである。その結果，キャリアごとに「キャリアメール」や「デコメ」などの独自のコンテンツ，「ワンセグ」や「おサイフケータイ」などのサービスが発展するなか，海外メーカーの端末はあまり普及せず，NEC やパナソニックなどの国内企業が市場を支配していた。

　しかし，2007 年にアメリカで発売されたアップルの iPhone は，翌年にソフトバンクモバイルから日本で発売されると社会現象となり，急速に「スマートフォン」が市場で認知されるようになった。その前から日本でも，ノキアやモトローラなどの「プラスチックのキーボードがついたスマートフォン」が存在し，一部のビジネスパースンやマニアに利用されていた。しかし iPhone は，それまでに日本で iPod が若者を中心に人気を博していたうえに，先行発売されたアメリカで大きな話題になっていたことなどから，広い顧客層に受け入れられる可能性を感じさせた。

　しかし，iPhone はキャリアメールやデコメ，おサイフケータイ，高画素数のカメラといった機能が使えないため，従来のガラケーの評価軸では圧倒的に劣り，また，端末価格も高かったことから，携帯キャリアや端末メーカーは，iPhone には一部の先進的ユーザが移行するだけで，メインのガラケー市場は変わらないと判断し，既存の機能を重視する多くの顧客が望んでいるこれまでの評価軸で高性能を追求していった。

　しかし，iPhone は瞬く間に市場に広がった。おサイフケータイやワンセグといった機能はないものの，App Store から好みのアプリをダウンロードできるという独自の魅力や斬新なデザイン，大きな画面といった新しい軸で評価された。さらに，ワンセグが見られるアクセサリの販売や，カメラの性能向上，絵文字の登載によって，ガラケーの従来の評価軸でも追いつく面が出てきた。それに伴い，日本の端末メーカーも「スマートフォン」を慌てて出すものの，2009 年以降は厳しい状況に追い込まれ，撤退や統合が相次いだ。

　このような状況は，まさにクリステンセンが唱える分断的イノベーションであり，日本の携帯端末メーカーは「イノベーターのジレンマ」に陥っていたといえるだろう。

なぜ分断的イノベーションは破壊的インパクトを持つのか

　分断的イノベーションは，既存大企業の競争力に対して破壊的なインパクトを及ぼすということがわかっただろう。この理由は，以下の3点にまとめられる。

　第1は，このタイプの技術変化が，従来から重視されている既存の評価軸上でのパフォーマンスを，少なくとも短期的には引き下げてしまうからである。

　重要な評価指標でのパフォーマンスが下がってしまうような新技術は，既存の顧客からは「全然使えない」といった評価され，そっぽを向かれてしまうことになりがちである。

　たとえば，スマートフォンが初めて登場したとき，従来の携帯電話（ガラケー）のユーザが重視する評価指標であるキャリアメールや高画素カメラなどの点で劣っていた。このため，既存の大企業にとって重要な顧客層は，当初は，スマートフォンの購入には至らなかった。

　第2は，新技術が，まったく別の評価軸上でパフォーマンスを向上させるからである。

　新技術は，既存の評価軸上では旧来の技術に劣っていても，別の評価軸上でパフォーマンスが優れていれば，新しい用途や市場を開拓していくことが可能になる。

　スマートフォンの場合，大きな画面やアプリのダウンロードができる点で，従来の携帯電話にはない価値を提供した。これにより，従来の携帯電話のユーザが重視しなかった新しい評価軸で，新規顧客を引きつけ，市場を拡大することができた。

　第3は，新技術が，既存の評価軸上でも急速にパフォーマンスを向上させて，旧技術との差を詰めていくからである。

　新技術が限られた用途，すなわちニッチ市場にのみに向けられている状態が続くならば，その新市場の規模が拡大したとしても，深刻な問題は生じない。既存大企業は，新市場を逃すものの，新市場と既存市場が両立し，新技術と旧技術が棲み分けをしながら共存することができる。しかし，新技術が既存の評価軸上でも急速に性能を向上させて差を詰めていくと，市場が拡大し，ついに

4　分断的イノベーションとは　● 167

は既存の市場を侵食するようになる。こうなると，新技術を過小評価していて出遅れた既存大企業は，その地位を追われることになってしまう。

　ここで重要なのは，既存技術の側に，顧客の望んでいる「以上」の品質や性能の製品を開発して市場に出してしまうという，「オーバーシューティング現象」が生じている場合には，新技術が既存の評価軸上で旧技術に完全に追いつく必要はないという点である。

　というのも，メイン顧客のニーズばかりを聞いていると，技術はしばしば，普通の顧客が求める性能を上回って進歩してしまう。そうなると，新技術は，そうした取り残された普通の顧客が求める性能に追いつきさえすれば，かりに旧技術に完全に追いつかなくても，旧技術を代替することが可能となるのである。つまり，オーバーシューティング現象が生じている場合には，従来の性能評価軸において未だ劣った段階から新技術が旧技術を逆転し始めることになり，結果として代替のスピードが早まることになるのである。

⑤　ICT とオープンイノベーション

　ここまで見てきたとおり，既存大企業が持つ資源や経験をもってしても，ときにイノベーションの波に乗り遅れたり，飲み込まれてしまうことがある。一方で，新興企業や中小企業は限られた資源の中で十分なイノベーションを起こせないという悩みを抱えることも少なくない。そうした中，企業内に閉じたイノベーション活動だけではなく，社外に目を向ける「オープンイノベーション」の大きな可能性が注目されている。

　オープンイノベーションとは，「知識の流入と流出を目的にかなうように利用して，社内イノベーションを加速するとともに，イノベーションの社外活用を促すような市場を拡大すること」である（Chesbrough, 2003）。つまり，自社にない技術やノウハウを外部から調達したり，自社では生かし切れない技術やノウハウを外部と一緒になって使う道を探ることで，イノベーション活動の効率性と収益性を向上させようというのである。

　オープンイノベーションの活動は，以下の3つに分類される（図表10-4）

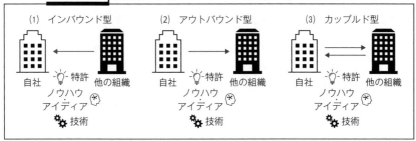

（Gassmann and Enkel, 2004）。

　まず，第1は，社外から知識やアイディアを取り込む「インバウンド型」である。これは外部のリソースを活用し，自社の技術力を補完する方法である。具体的には，大学や研究機関，他企業からの技術やアイディアを取り入れることで，自社の開発プロセスを強化する方法である。

　たとえば，資生堂は，2019年に，オープンイノベーションプログラム「fibona（フィボナ）」を開始した。資生堂は，「化粧品からビューティーへとフィールドを拡大するときに必要となる技術，アセットを必ずしも自社で持っているわけではない。また，マーケットの動きが非常に速いことから，自分たちの力だけでは難しいだろう」との課題意識から，外部のベンチャー企業や研究機関から，アイディアを募集する取り組みなどを行っている。

　第2は，社内の知識やアイディアを外部に提供する「アウトバウンド型」である。これは自社の技術やノウハウを外部に提供し，他社との連携を強化する方法である。たとえば，自社の技術をライセンス供与することで，他企業との共同開発や市場拡大を図るといったことがあげられる。

　たとえば，神奈川県川崎市の和菓子店の末広庵が2019年に発売した，「エンゼルのほっぺ」の事例がある。この商品は，森永製菓が保有するものの，使われていなかった体脂肪低減に関する特許技術を用いて開発されたものである。森永製菓は特許技術のライセンスを提供し，末広庵はこの技術を用いて新商品の開発に成功した。この取り組みは，川崎市の地域活性化事業として，アウトバウンド型であると同時に，地域活性化を通じて新しいビジネスを創出した例である。

　第3は，社内外の双方向でのやり取りを伴う「カップルド型」である。これ

Column ❺ CVC（コーポレートベンチャーキャピタル）

　CVC（コーポレートベンチャーキャピタル）とは，大企業が自社の成長戦略の一環として，スタートアップ企業に投資する活動を指す。一般のベンチャーキャピタルとは異なり，CVC は単に投資収益を追求するだけでなく，投資先企業とのシナジーを生み出し，自社の競争力を強化することを目的としている点が特徴である。一方で，自社で使わないと判断した場合には，開発された技術を売却したり，外部にライセンスしたり，企業自体を売却するという選択肢もある。

　近年，IT 系のスタートアップで注目される CVC であるが，歴史は古く，1914年にアメリカの化学メーカーのデュポンが GM（ゼネラルモーターズ）に出資したのが始まりとされる。具体的な例としては，グーグルの親会社であるアルファベットが運営する「Google Ventures（GV）」は，2009 年に設立された CVC ファンドである。Uber，Slack，Lime といったスタートアップ企業に早期から投資を行い，これら企業の成長を支援してきた。日本では，ソフトバンクグループが 2017 年に設立した「ソフトバンク・ビジョン・ファンド」が有名である。Uber，WeWork，ARM といった企業に投資を行い，ソフトバンクグループとしての新たな市場の開拓を目指している。

　は企業間の協力関係を強化し，共同でイノベーションを推進する方法である。具体例としては，共同研究開発プロジェクトやアライアンスを形成したり，さまざまな主体の参加社が集うコンソーシアムで共同研究を始めたり，CVC（コーポレートベンチャーキャピタル，Column ❺参照）が支援するという方法も含まれる。

　たとえば，ソニーのスタートアップ支援プログラム「Sony Startup Acceleration Program（SSAP）」は，社内外の新規事業の立ち上げを支援するためのプログラムである。もともとは社内起業用の仕組みであったが，その後社外へと連携を広げ，さまざまな企業や個人をサポートし，事業化を促進する取り組みを行っている。多くの事業化実績もあり，骨伝導技術を用いて好きな曲を聴きながら歯磨きができるというこども用歯ブラシの「Possi」は，京セラ，ライオン，ソニーの 3 社が，SSAP の支援を受けてわずか 9 カ月で販売に至っ

たプロジェクトの一例である。

　ICT 業界では，早くからオープンソースで開発された OS（オペレーションシステム）の Linux（リナックス）や，ハッカソンからイノベーションが起きるといったように，先行して企業内外の資源や能力を有機的に結合していこうという文化が根付いてきた。さらに，オープンイノベーションのプラットフォームとしての SNS の活用など，ICT により，新たなイノベーションの可能性は広がっている。

　このように，きわめて早い環境変化の中で，競争優位を勝ち得るためには，オープンイノベーションを成功させ，成長していくという視点が欠かせないのである。

SUMMARY

　本章では，新興企業と既存企業の戦いにおいて，なぜ既存大企業が圧倒的な資源を持ちながら負けてしまうのかについて，イノベーションの理論を通して見てきた。タッシュマンとアンダーソンの「能力破壊型のイノベーション」，そしてクリステンセンの「分断的イノベーション」の理論を見ると，ICT の進展がこうしたイノベーションをさらに加速することがわかる。過去には，さまざまなイノベーションにより新興企業が既存企業を打ち負かしてきたが，今後も同様のことが起こりうる。本章での議論は，新興企業はどのようにして既存企業を打ち負かし，逆に既存企業がその攻撃を阻止しつつ競争優位を築くか，について考える視点を与えるだろう。

　また，多くの要因が絡み合い，変化が速い現代において，新興企業も既存企業も，研究開発を 1 社で行うのはきわめて困難である。そこで，「オープンイノベーション」の発想を取り入れ，企業内外の資源や能力を活用していくことが ICT 業界において重要なのである。

EXERCISE

　インターネットや情報技術に関連するイノベーションにより，既存大企業を打ち負かした事例を調べてみよう。また，なぜ既存大企業は負けてしまったのかをこの章の内容を踏まえて考えてみよう。

EXERCISE ● 171

読 書 案 内   **Bookguide** ●

クリステンセン，C. M.（2000）『イノベーションのジレンマ：技術革新が巨
大企業を滅ぼすとき』伊豆原弓訳，翔泳社。
　→「偉大な企業はすべてを正しく行うが故に失敗する」。日本企業に今なお
　　響く，示唆に富んだ一冊。

近能善範・高井文子（2024）『コア・テキスト　イノベーション・マネジメン
ト（新訂版）』新世社。
　→イノベーション・マネジメントの全体像を把握できるテキスト。事例豊富
　　で，初学者から大学院生にまで幅広い層に対応。

CHAPTER 第11章

どのようにICTの特性を活かしてビジネスを組み立てるのか
プラットフォームという考え方

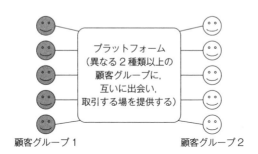

　プラットフォームという考え方は，2000年代以降，ICTの普及と高度化に伴って経営の文脈で広がってきた。ICTの技術的特性を活かして複数の製品やサービス，それを利用する企業や消費者を結び付けることで，新しいビジネスモデルが実現され，企業戦略も変わってきた。その基盤となるのがプラットフォームという考え方である。本章では，プラットフォームを活用するビジネス（プラットフォームビジネス）を理解しよう。そのうえで，プラットフォームという考え方で既存のビジネスを捉え，新しいビジネスを構想することを目指そう。

KEYWORD

ネットワーク外部性　　二面市場戦略　　ビジネスモデル　　データ　　補完財

1　プラットフォームビジネス

プラットフォームとは

　プラットフォームとは，もともとは演台や舞台，あるいは駅で乗客が列車に乗り降りするための台のことである。この言葉が転じて，商品やサービスの提供者と利用者をつなぐ基盤を指す言葉としても使われるようになった。

　プラットフォームビジネスでは，それ以前は分散しており，互いに出会う機会が少なく，結果として取引が生じなかった者同士を結び付け，新たな取引機会を創出する。それによって，社会的かつ経済的な価値を生み出すビジネスである。類似のビジネスは古くから存在しており，旅行会社やクレジットカード会社などがその例である。しかし，近年では ICT を利用したプラットフォーム，インターネット上のプラットフォームビジネスがとくに重要性を増している。そこで，以下では ICT を利用したプラットフォームに焦点を絞って見ていくこととしよう。

市場の二面性

　プラットフォームビジネスというビジネスモデルには，他のビジネスにはない大きな特徴がある。それは，「市場の二面性（two-sided market）」といわれる現象である（Rochet and Tirole, 2003；Eisenmann et al., 2006）（図表 11-1）。

　プラットフォームの提供者は，2つ（以上）の異なる顧客（ユーザ）・グループのニーズを理解し，満足させ，惹きつける必要がある。たとえば，レシピサイトのクックパッドには，「レシピを投稿する人たち」と「レシピを閲覧する人たち」といった異なるニーズを持つ2つのグループが存在し，それぞれの要求を満たす必要がある。

　2つ（以上）の異なる顧客グループを対象とするプラットフォームビジネス

174 ● CHAPTER 11　どのように ICT の特性を活かしてビジネスを組み立てるのか

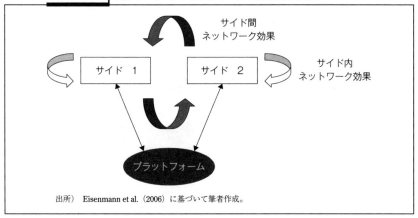

CHART 図表11-1 プラットフォームと市場の二面性

出所) Eisenmann et al.（2006）に基づいて筆者作成。

において，ネットワーク効果またはネットワーク外部性という現象が重要である。ネットワーク効果とは，製品やサービスの利用者が増えるほど，その製品やサービスの価値が向上するという考え方である（Katz and Shapiro, 1985）（図表11-2）。

プラットフォームビジネスのネットワーク外部性には，サイド内ネットワーク効果とサイド間ネットワーク効果の2種類がある。サイド内ネットワーク効果とは，ユーザ数の増加に伴って，そのユーザが属するグループにとって，プラットフォームの価値が向上または下落する現象である。たとえば，クックパッドのレシピ投稿者が増えれば，自分もこのサービスに投稿しようと思い，投稿者が増えることである。他方，サイド間ネットワーク効果では，片方のユーザグループが増加すると，他のユーザグループにとってプラットフォームの価値が向上または下落する現象である。たとえば，クックパッドのレシピ投稿が増えれば増えるほど，閲覧者が増えることである（図表11-3）。

プラットフォームビジネスでは，2つのグループについて「優遇される側」と「優遇されない側（課金される）側」を設定することがある。というのも，自らの支払コストの高低に敏感なグループと，それほど支払コストを気にかけないグループが存在する場合には，前者を優遇してユーザ数を増やし，後者に課金を行うのが合理的だからである。

こうした支払コストの高低に敏感なのか，そうでないのかを表す概念が価格

1 プラットフォームビジネス ● 175

| CHART | 図表11-2 ネットワーク外部性のイメージ図

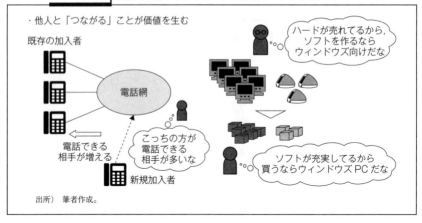

出所）筆者作成。

弾力性である。価格弾力性は，価格の変化に対して，どれほど自らの行動を変える程度が大きいのかを表す概念である。価格の変化に対して，製品やサービスを需要する量を増やしたり減らしたりする程度が大きい利用者や，製品やサービスを供給する量を大きく変える企業は，価格弾力性が高いといわれる。この概念を使うと，価格弾力性が高いグループを優遇してユーザ数を増やし，価格弾力性が低いグループからは料金を集めることが理論的には妥当であるといえる。

たとえば，クックパッドでは，投稿者は無料で投稿が可能であり，キーワードでレシピを検索して見るなどの基本サービスを受けることも無料である。他方，「人気順検索」や「殿堂入りレシピ」を見たり，カロリーや塩分量を見たりといったことをするためには有料会員にならなければならない。こうしたビジネスモデルは Free と Premium を合成してフリーミアム（Freemium）」といわれる。

フリーミアムのビジネスモデルが登場した背景には，ICT の技術進歩によって，サービス提供のコストが限りなくゼロに近づいたことがある。それでも，フリーミアムモデルで収益をあげるためには，無料サービスと有料サービスのバランスを考慮する必要がある。加えて，ビジネスを立ち上げる際の資金調達や，短期的な収益源の確保も重要になる。

CHART 図表11-3 間接的ネットワーク外部性

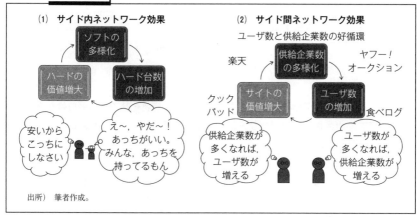

出所）筆者作成。

プラットフォームビジネスの利点

　現在，少なからぬ企業がプラットフォームビジネスを展開している。その中には，マイクロソフト，グーグルやアップル，アマゾンやフェイスブックなどのように非常に多くの利益をあげている企業が含まれている。プラットフォームビジネスの利点とは何か，それがどのように生じているのかを考えよう。

(1) プラットフォーム成立による需要の増大

　プラットフォームビジネスが魅力的な1つめの理由は，ネットワーク外部性が働くことで需要が増大することにある。冒頭で述べたように，プラットフォームビジネスは，かつては分散していて，結果として取引が生じなかった者同士を結び付け，新たな取引機会を創出する。言い換えれば，プラットフォームは類似したニーズをプラットフォーム上に引き寄せる。

　社会の中に類似したニーズがあっても，分散してしまっては大きなビジネスになりにくい。だが分散した，ひとつひとつは小さい市場（fragmented market）でも集まれば，大きな需要となり，企業や消費者を惹きつける。

　このことは，プラットフォームビジネスを展開する企業にとっても，自社の製品やサービスの売上げが伸びたり，関連したビジネスを展開しやすくなったりすることを意味する。さらに，プラットフォームを利用する企業も，多くのユーザグループが導入したプラットフォームに対応した製品やサービスを提供

Column ❻ 無料（free）モデル

クリス・アンダーソンは,「無料（free）」を軸にしたビジネスモデルを4つの
パターンに整理している（Anderson, 2009）。

①内部補助型

このモデルでは, サービス提供者は一部を無料化して競争優位性を高め
る。たとえば, アマゾンが一定金額以上の購入の配送料を無料にして, 他
の通販サービスと差別化を図っていることなどである。

②第三者補助型

このモデルでは, サービス提供者がサービスを無料で提供し, 広告料な
どを第三者から徴収する。たとえば, テレビ局が視聴者に無料で番組を提
供し, スポンサー企業から広告料を受け取ることなどである。

③一部利用者負担型（フリーミアム）

このモデルでは, サービス提供者が基本サービスを無料で提供し, 一部
の利用者から料金を受け取る。たとえば, Evernote や Adobe Acrobat は基
本サービスを無料提供し, 一部のユーザからプレミアムサービスの料金を
受け取っている。

④ボランティア型

このモデルでは, ボランティアが口コミや製品評価などを提供し, サイ
トの付加価値を高め, 広告収入や売上げを得る。価格 .com やアットコスメ
の口コミ掲載がその例である。

すれば, 多くの売上げを見込める。

(2) 不足する経営資源の充足

　プラットフォームビジネスの利点は供給面にもある。プラットフォームを提
供する企業が, ビジネスを展開するために必要な資源や活動を提供すれば, 単
独では経営資源や組織能力が不足している企業も参入でき, プラットフォーム
上で提供される製品やサービスの量や多様性が増える。たとえば, アマゾンや
楽天がオンラインのショッピングモールを形成することで, 単独では注文の受
付や決済ができない企業もネット販売を開始することができるようになった。
また, 任天堂やソニーといった企業が家庭用ゲーム機を提供することで, ハー
ドウェアの開発や製造の能力がない企業であっても, ソフトウェアの開発をす

るだけでゲームのビジネスに参入できるようになった。

(3) 規模の経済の活用

プラットフォームビジネスの利点は規模の経済性に支えられている面がある。ICTを活用したプラットフォームの場合，利用者が増えても，それほどのコスト増加が生じない。つまり，製品やサービスを提供する限界費用が0に近い状況が多く見られる。そのため，利用者が増加すれば，売上げが大きく増えてもコストがほとんど変わらない状況，すなわち，多くの利益をあげられる状況が生じやすい。

このように考えると，ユーザ数の増加に伴うコスト増加の程度がどれくらい大きいのかが重要になる。物財を扱う業務が多ければ，ユーザ数の増加に伴ってコスト増加分も大きくなりやすいだろう。他方，ソーシャルメディアやレビューサイト，AWS（Amazon Web Service）のようなSaaS（Software as a Service）であれば，コスト増加が小さいので，ユーザ数の増加に伴う利益増大は大きくなるだろう。

プラットフォームビジネスの経営戦略

二面市場戦略

2つの異なるユーザのグループをつなげるプラットフォームに関する戦略，ビジネスモデルを考える際に有用なのは，第1節で紹介した市場の二面性（二面市場戦略）の考え方である。より詳しく，その論理を考えよう。

二面市場という言葉で表されているように，プラットフォームは2つ（複数）の市場を結び付ける。2つの市場はそれぞれ支援市場，収益市場と呼ばれる。たとえば，ミクシィ（mixi）やフェイスブックのようなソーシャルメディアの場合，いわゆるユーザはソーシャルメディアというプラットフォームを魅力的にするものの，利益には直接貢献しない。このようなユーザグループは支援市場の参加者と見なされる。他方，ソーシャルメディアに広告を出す企業や個人はプラットフォームを運営する企業に利益をもたらす。利益をもたらす企業や個人が作る市場は収益市場と見なされる。すると，ソーシャルメディアと

いうプラットフォームは，ソーシャルメディアを使って無料で情報発信をしたいと考える多くのユーザと，ユーザに対して広告を見せたいと考える企業や個人といった2つのグループが形成する2つの市場をつなぐ位置を占める。

　プラットフォームで結び付けられる2つの市場は，プラットフォームを「使用」するユーザグループごとに価格弾力性に違いがあるように市場を設定する。ソーシャルメディアの例でいえば，情報発信したいと考えるユーザは無料が当たり前だと考えていて，少しでもおカネを払うことになれば使用をやめてしまう人も少なくない。つまり，一般的なユーザは価格弾力性が非常に高い人たちである。他方，ソーシャルメディアに広告を掲載したいと考えるグループ（広告出稿企業）は有料であっても広告を出したいと考えていて，広告掲載の費用をソーシャルメディア運営企業に支ってくれるし，広告の費用がある程度上がったり下がったりしても行動を変える程度が小さい。つまり，広告出稿企業の価格弾力性は低い。二面市場戦略では，この価格弾力性の違いを活かす。

　このとき，無料で情報を発信する一般的なユーザは収益に貢献しないから不要かといえば，そうではない。一般的なユーザがいなければ，広告の効果は発生せず，収益市場の参加者はプラットフォーム提供企業に支払いをしてくれないからだ。したがって，プラットフォームを提供する企業は，自社の利益には直接貢献しない支援市場の参加者であってもつなぎ止める必要がある（図表11-4）。

　二面市場戦略の考えに立てば，価格弾力性が違いつつ，相互作用をする複数のユーザグループを見出すことが重要となる。この違いをうまく見出し，利用している例はソーシャルメディア以外にもある。たとえば，オンラインゲームでは，無料で遊ぶユーザと，お金を支払ってでも楽しみたいと思うユーザ（課金ユーザ）をひとつのゲームで受け入れ，アイテム課金などの仕組みで課金ユーザから収益をあげている。

　ただし，ユーザの価格弾力性は，プラットフォームビジネスを展開する企業からはわかりにくい，利用者の状態もしくは性質である。そこで，ユーザグループの価格弾力性の違いを活用するために，価格弾力性を識別するためのメニューの提供が有効となる。すなわち，有料と無料，高価格と低価格，現在の価格と将来のオプションといった，複数の選択肢をメニューとして提示する。

CHART 図表11-4　プラットフォームのイメージ図

プラットフォーム
（異なる2種類以上の
顧客グループに，
互いに出会い，
取引する場を提供する）

顧客グループ1　　　　　　　顧客グループ2

クレジット
カード会社

小売店　　　　　　　買い物客

ショッピング
モール

小売店　　　　　　　買い物客

旅行会社

ホテル・航空会社　　　　旅行客

家庭用
ゲーム機

ゲームソフト会社　　　　ゲームユーザ

出所）　筆者作成。

そして，メニューのなかからユーザに選んでもらうことで，ユーザグループご
との，あるいはユーザごとの価格弾力性の違いを識別し，料金設定に活かす。
つまり，適切なメニューを提示して，ユーザの価格弾力性を適切に識別できれ
ば，それに応じた利用料金を設定でき，多くの利益をあげられる。こうした価
格づけは，価格差別あるいは戦略的価格づけなどと呼ばれる。その極端な例が
第1節の**Column❻**で紹介した，一部の価格弾力性が非常に高いユーザの料
金を無料にするフリーミアムのビジネスモデルである。

ICT化がもたらす「柔軟なビジネスモデル」

　プラットフォームビジネスは，支援市場と収益市場を持つ。二面市場戦略の
考え方に立てば，複数の市場を結び付け，トータルで利益があがるようにすれ
ばよいと考えることができるようになる。いわゆる一物一価にこだわる必要も

2　プラットフォームビジネスの経営戦略　●　181

なくなる。

ソーシャルメディアの場合，ユーザが投稿すれば対応するコストが発生するが，それに対して課金する企業はほとんどない。コストを度外視し，投稿を無料で受け付けてソーシャルメディアを活性化させつつ，活性化したソーシャルメディアを広告媒体として使いたい企業や，投稿以上の特別な（プレミアムな）サービスを受けたいと思うユーザからコスト以上の支払いを受ける。結果として，ソーシャルメディア全体で利益があがる。

このようなコストと収入のアンバランスは，オンラインゲームでも，オンラインショッピングモールでも見られる。つまり，製品やサービスを提供するために要するコストとはある程度切り離して，収入を得る（支払いを要求する）機会，すなわち収益モデルを設計することができる。柔軟なビジネスモデルを組み，戦略的に価格付けを行い，トータルで利益をあげることを目指せるのが，現代のプラットフォームビジネスである。

ただし，戦略的な価格づけによって全体での利益を最大化するビジネスモデルは，プラットフォームビジネスが登場する前にもいくつか存在した。古くは，ジレット社が始めたシェーバーと替え刃がそうであったし，家庭用ゲーム機向けのゲームソフトや，インクジェットプリンタのインクビジネスなども代表的な事例である。

これらの古典的なビジネスモデルと，現代のプラットフォームビジネスが異なるのは，複数の製品サービスを結び付けることができること，限界費用が非常に低い場合に一部の製品やサービスの価格をゼロにできること，さまざまな製品サービスに組み入れて戦略的な価格づけの適用範囲を広げたことである。これらの変化は，ICT を活用し，従来からのビジネスモデルが「さらに」柔軟性を増したともいえる。現代のプラットフォームビジネスではビジネスモデルの柔軟性を増し，戦略に関する自由度が増したからこそ，良いビジネスモデルや経営戦略を作り上げることが，さらに重要になった（國領，1995；1999）。

逆にいえば，プラットフォーム間の競争に勝ったとしても，獲得できる利益はビジネスモデルの影響を受ける。ビジネスモデルが稚拙であれば，たとえ他社のプラットフォームよりも自社のプラットフォームが普及し，多くのユーザに使われたとしても，利益を獲得できない場合がある。先にあげたゲーム機や

スマートフォンの OS（Operating Software）などでは，プラットフォームを提供する企業が，補完財であるゲームソフトやアプリ提供企業から一定の利益の配分を受け取る契約をしている。検索サービスの場合には，広告収入が得られるようにしている。こうした利益を獲得する仕組みをしっかりと構想しないと，プラットフォームが普及しても利益をあげにくい状況に陥ってしまう。

データの重要性

プラットフォームビジネスを展開し，戦略的な価格付けを行って柔軟なビジネスモデルを目指すときに，ビジネスの成否を左右するのがデータである。ICT をビジネスで活用する局面が広がるにつれて，データの重要性が認識されるようになり，より多くのデータに基づく，より効率的なビジネス展開を目指す企業が増えている（The Economist, 2017）。

データの分析と活用は，ネット広告や EC サイト，検索エンジンサイト，ソーシャル・メディアなど，大規模データが発生するサービスを展開している企業を中心に進んでいる。現時点において，データの利活用が進んでいるひとつの領域は，第9章で見たマーケティングの分野である。ほかにデータを積極的に利用しているビジネスの領域はスマートフォンゲームのビジネスである。スマートフォンのゲームでは，基本のゲームを無料で開放し，全ゲームユーザのプレイ動向を分析しながら，有料でプレイをしたくなるパターンを見つけてゲームプログラムを改変していく。データを分析して，ゲーム作りや改良にいかに反映させるのかが，ゲームの売上げを決める。

顧客が実際にどのようにゲームを進行していき，どのボタンを押し，そしてどこで飽きて止めるか。あるいは有料アイテムの購入ボタンまでたどり着くのか。その一連の行動履歴を取得し，分析しながらゲームの開発などを進めることを，データドリブン（データ駆動型）という。データとその分析が重要視されるにつれ，データを分析し，有用な意味や洞察を引き出せる人材が，ゲームビジネス以外で広く求められるようになった。彼／彼女らはデータサイエンティストと呼ばれ，活躍の場を広げている。

さらに，データはさらなるデータを呼ぶ可能性がある。すなわち，データを多く集められるがゆえに，多くのデータが集まりやすくなる可能性である。そ

れは，大量データを集めることで，製品やサービスを支えるアルゴリズムが洗練され，それが製品やサービスの品質向上に繋がるので利用者を増大させ，利用者の増加がさらなるデータの収集を可能にする，という好循環である。もし，こうしたデータに関する好循環が起きるならば，多くのユーザが使用する製品やサービスを提供してデータを集める力を持っている企業は，データの収集と活用において有利に立ち続け，その有利な立場は強化される傾向にあるだろう。これは，データの利用や活用の局面で見るときのプラットフォームビジネスの利点である。

　プラットフォームは，属性が異なるユーザをつなぎ，多くのユーザを集めるからこそ，大量のデータを集めることができ，その利活用に基づいてプラットフォームの利便性を高めやすくなる。現在，グーグルやフェイスブックなどの Big Tech（ビッグテック）の存在感が増している一因も，データを巡るこうした優位性が背景にあると考えられる。

③ プラットフォームビジネスのこれから

▌プラットフォームビジネスの課題▐

　ここまでに見てきたように，プラットフォームビジネスには新しい可能性と利点があるが，課題もある。次にプラットフォームビジネスを実現するうえで考えておいたほうがよい課題を概観しよう。

(1) プラットフォーム企業の活動領域

　プラットフォームビジネスでは柔軟なビジネスモデルを実現可能だが，多くの場合，プラットフォームと呼ばれる製品やサービスと，それ以外の製品やサービスを組み合わせる必要がある。グーグルにおける検索サービスと広告サービス，任天堂やソニー，マイクロソフトが展開するゲームビジネスにおけるハードウェアとソフトウェアなどはその好例である。これらの例のように，密接な関係にある製品やサービスがある場合，片方をもう片方の補完財と呼ぶ。この言葉を使えば，プラットフォームビジネスでは，プラットフォームとその補完財を組み合わせることで柔軟なビジネスモデルを実現できる，といえる。

ここで，ビジネスモデルという観点で考えると，プラットフォームを提供する企業と，その補完財を提供する企業の関係には，2つの側面がある。プラットフォームを普及させるためには両者は協調関係にある。協調してプラットフォームを多くのユーザに採用してもらわなければ，そもそも利益を生じさせるビジネスの基盤が成立しない。他方，プラットフォームが普及した後に，利益を各社が獲得する際には，両者は利益を配分する競争関係になる。プラットフォームの普及を実現するためには協調関係を維持しつつ，プラットフォーム普及後の利益配分では自らの利益を最大化するために，適切なビジネスモデルの設計を持つことが重要なのだ。

　ただし，プラットフォームを提供する企業とプラットフォームに補完財を提供する企業が協調と競争を両立させられるように，適切なビジネスモデルを運営し続けることは容易ではない。たとえば，プラットフォームを提供する企業が補完財を提供すれば，より多くの利益を獲得できるが，両者の協調関係が維持しにくくなる。ゲームのビジネスでは，過去にセガが補完財であるソフトウェアの市場をうまく育てることができなかった。現在でも，任天堂やマイクロソフトはソフトウェアの市場への参入を限定的にすることで，補完財を提供する企業との協調を維持しようとしている。他のプラットフォームでも，たとえば，マイクロソフトがハードウェア市場への参入は Surface のみに限定し，グーグルもハードウェア市場への参入を Pixel に限定している。また，インテルは，台湾のマザーボードメーカーなどの他企業との協調を注意深くマネジメントし，自らの CPU のビジネスを拡大してきた（Gawer and Cusumano, 2002；立本，2017）。したがって，プラットフォームのビジネスを構想し，展開する場合には，補完財を提供する企業との関係性や役割分担をいかに調整し，補完財提供企業との協調をいかに維持するのかがひとつの課題となる。

(2)　プラットフォームとイノベーション：プラットフォームパラドックス

　プラットフォームビジネスを展開するときに，いかにイノベーションを実現するのかも，大きな課題である。本章の第1節で述べたように，プラットフォームの登場は，それを活用する企業の経営資源や組織能力の不足を補い，参入を促す効果を発揮する。さらにいえば，経営資源や組織能力を補うことで他社の参入を促し，多くの企業がプラットフォームを利用して補完財を提供す

るからこそ，プラットフォームビジネスは拡大し，利益をあげることができる。

　しかしながら，このことは，経営資源や組織能力が不足していなかった企業にとっては，自らの競争優位が小さくなったり，消滅したりすることを招く。たとえば，楽天やアマゾンが登場したことで，多くの企業がネット上での販売に伴うウェブサイト構築，決済，物流などの機能を自前で構築しなくても，オンラインコマースに参入する機会を得られ，参入を促した。だが，楽天やアマゾン登場以前に，これらのオンラインコマースに必要な機能を備え，いち早くネット上での販売を手がけていた企業にとっては，独自に構築した機能やそのための投資で競合他社と差別化し，競争優位を構築することができなくなったことを意味する。このように，プラットフォームの登場によって，技術や投資，経営資源といった面で企業間の格差が縮まり，あらためて差別化を実現する取り組みを迫られる現象を，プラットフォームパラドクス（platform paradox）という（Wada et al., 2014）。すなわち，プラットフォームパラドクスは，プラットフォーム登場以前の参入障壁を消滅させることで，後発企業のキャッチアップを助け，先行企業の苦境を招く。

　プラットフォームパラドクスの影響は，一時的に競合企業の間の違いをなくし，新しい経営資源や組織能力を獲得することを迫るだけではない。プラットフォームの刷新や新しいプラットフォームの登場で，競合他社との差別化要素や競争優位の源泉が変わってしまったり，繰り返し打ち消されたりする可能性があるとすれば，誰が新しい取り組みを行うのであろうか。言い換えれば，プラットフォームによって打ち消される可能性がある場合には，プラットフォームを提供する企業以外は，新しい技術の開発などで独自の競争優位を他社に先んじて構築するよりも，プラットフォーム企業の動向に追随する傾向を持つ。このときに，イノベーションにつながる新しい技術や取り組みをいかに促すのかも，プラットフォームビジネスを展開するうえでの課題である。

(3) プラットフォーム移行の問題

　プラットフォームは，技術の進歩を活かしたり，ほかのプラットフォームとの競争に打ち勝ったりするために，定期的に刷新する必要もある。ゲームのビジネスでは，4年から5年くらいの間隔でハードウェアを置き換える世代交代が行われているし，パソコンやスマートフォンのOSは定期的にバージョン

アップを繰り返している。こうした世代交代やバージョンアップは，利用者の利便性の向上や，補完財市場の活性化をもたらす点でも，プラットフォームビジネスを展開するうえで避けられない。

　ただし，プラットフォームが普及すればするほど，それを利用する企業や消費者が増え，彼／彼女らを新しいハードウェアやバージョンのプラットフォームへと移行させることが難しくなる。プラットフォームを利用する個人や企業は，バージョンアップの必要性を感じていないかもしれないし，バージョンアップや世代交代に伴う手間や費用（スイッチングコスト）を負担することを嫌がるかもしれない。ゲームのビジネスで世代交代に伴ってプラットフォーム企業がシェアを落としたり，パソコン用 OS で古いバージョンの OS が使われ続けたりしたのは，その表れである。言い換えれば，プラットフォームを提供する企業の手を離れ，利用する企業やユーザのもの，社会的な共有物になってしまったプラットフォームを刷新することは，プラットフォーム提供企業の計画通りには進まない。さらにいえば，プラットフォームの刷新を促すためには，自社の古いプラットフォームを新しいプラットフォームのライバルと見て，自社の過去の製品やサービスを否定することも考えなければならない。

　他社のプラットフォームに利用者を奪われないようにしながら，社会的な共有物となった自社のプラットフォームをいかに刷新するのか。これもまた，プラットフォームビジネスを中長期的に展開するときの課題である。

SUMMARY

　本章では，プラットフォームという考え方を紹介し，それを利用した実際のビジネスを見てきた。プラットフォームという考え方も，データに由来する企業の優位性も，一部企業のみに現れる現象ではない。むしろ，ICT の利用が広がっていく今後は，多くの企業が自社の製品やサービスをプラットフォーム的に捉える方が良いだろう。それは，プラットフォーム上で発生するユーザ同士の相互作用を考え，ユーザの相互作用を組み込んだビジネスモデルを構想して，そのビジネスモデルを運営するためにデータを活かす戦略を考えることである。

　さらに，プラットフォームビジネスには利点も多く，成功すれば多くの利益をあげられるが，課題もまたあることを認識しておこう。プラットフォームビジネスを協力して盛り上げる補完財の提供者とどのような関係を築き，彼／彼女らにイノ

ベーションへの意欲をもたせ，あるいは自らのプラットフォームを刷新する計画を立てなければ，強固なプラットフォームビジネスであっても，他社に突き崩される危険性がある。

　加えて，今後のプラットフォームビジネスではデータが重要になる。そのデータの利活用を考える際には，自社が集めたり，自社に集まるデータのみで考えたりしないようにした方が良いだろう。データの組み合わせや，分析と活用の方法で他社との差を作り出す可能性を考えていく方が望ましい。なぜなら，自社の業務を通じて得られるデータは，プラットフォーム利用者の行為の一部しか把握できないからである。複数のデータをつなぎ合わせ，より多面的に，より継続的にユーザの行為をデータで捉えることで，より良いビジネスモデルを構想し，より良い製品とサービスを提供できる可能性が高まるだろう。

EXERCISE

　日常的に使っているプラットフォームは，どのような顧客グループを対象にし，それらの相互作用を促しているだろうか。インターネット上の記事や書籍，雑誌を使って調べてみよう。

読書案内　　　　　　　　　　　　　　　　　　　　　　　　Bookguide

クスマノ，マイケル・A.／ガワー，アナベル／B. ヨッフィー，デヴィッド（2020）『プラットフォームビジネス：デジタル時代を支配する力と陥穽』青島矢一監訳，有斐閣。

→ 2000年代初頭からプラットフォームという概念を提唱し，実証研究を蓄積してきた研究者の著作。プラットフォームビジネスの全体像と具体的な考え方を詳しく学ぶことができる。

CHAPTER

第 **12** 章

どのようにユーザとともにビジネスを魅力的にするのか

コンテンツのビジネス

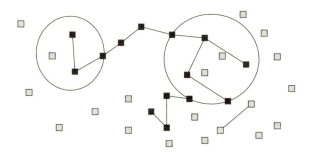

　本章では，プラットフォーム上を流れるコンテンツのビジネスを中心に，ICT化に伴う企業とユーザの変化を見ていこう。ICT化は，コンテンツのデジタル化を導き，さらに，インターネット上でデジタル化されたコンテンツを取引したり，楽しんだりする状況をもたらした。この変化は，コンテンツを提供する企業のビジネスモデルを大きく変えた。加えて，インターネット上でさまざまなコンテンツが流通することが当然になったときに，ユーザはただ単にコンテンツを楽しむだけではなく，それにコメントやフィードバックをしたり，コンテンツそのものを変えたり，作ったりする役割を担うようになった。コンテンツのビジネスの変化を概観し，それを起点にして企業とユーザの関係の変化を見ていこう。

> **KEYWORD**
>
> デジタルコンテンツ　ビジネスモデル　ユーザ参加　ユーザイノベーション　ユーザの組織化

1 コンテンツのデジタル化

　コンテンツとは，文字，音声，動画や静止画，プログラムなどの要素によって構成される情報の内容を指す。多くの場合，何らかの媒体（メディア）に載せられて流通している。書籍の場合，紙が媒体であり，そこにある文字情報がコンテンツである。音楽では，かつては CD が媒体であったが，現在はインターネットを流れる信号が媒体となっており，そこに記録されている音楽・音声などがコンテンツである。

　コンテンツが，0 と 1 の信号のみで構成されるデジタル形式で記録されている場合，デジタルコンテンツという。デジタル形式で記録すると，コンピュータで扱いやすい。デジタルなデータとコンピュータ，そして通信網を組み合わせれば，データの移動やコピーが容易になり，コピーに伴う劣化が少なくなる。そこで，コンピュータやスマートフォンなどの機器と通信網を用い，デジタルコンテンツのみを流通させること（ネットコンテンツ）が，近年急速に広まった。より具体的には，書籍の内容を紙という媒体から切り離したり，音楽を CD という媒体から切り離したり，映画や映像を DVD などの媒体から切り離したりして，インターネットで配信することが増えた。コンピュータと通信網を中心とした技術変化は，私たちがコンテンツを楽しむ状況を変えただけではなく，コンテンツを扱う企業の戦略や行動に変革を迫ってきた（河島，2009；2020；河島・生稲，2013）。

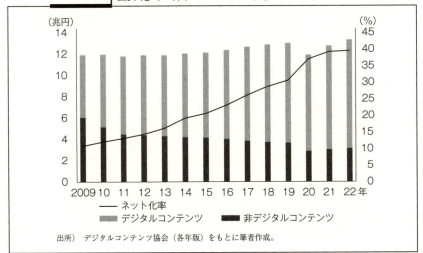

CHART 図表12-1 日本のコンテンツ市場

出所：デジタルコンテンツ協会（各年版）をもとに筆者作成。

 コンテンツビジネスのビジネスモデル：収益モデルの再検討

ネットコンテンツのビジネスが直面した課題

　ネットコンテンツのビジネスにおける利点は，インターネットを通して消費者に直接販売することで，販売のための時間とコストを大幅に削減できることにある。加えて，デジタルコンテンツをインターネット経由で視聴させたり，ダウンロードさせたりできるので，商品の物理的な配送も必要なくなった。すなわち，コンテンツのビジネスがデジタルコンテンツになり，さらにネットコンテンツへとなることで，そのビジネスは商品在庫や配送システムなどの物的制約から開放され，ネット上ですべての販売と購買のプロセスが完結するようになった。この点において，ネットコンテンツのビジネスは，インターネットの特質を活かせるビジネスである（図表12-1）。

　インターネット上で完結するがゆえにビジネスとしての将来性に期待が集まる一方，課題もある。それは，コンテンツを無料で提供する企業や個人が存在することである。無料で流通するコンテンツが豊富になると，有料で購入しようという人が減ってしまう可能性がある。コンテンツの無料流通の要因は，大

Column ❼　インターネットを使ったコンテンツの共有，問題化

　音楽や動画など，プロのアーティストや企業が著作権を有するコンテンツの
コピーが，ユーザ同士の交換によって，勝手にインターネット上で広がる現象
も発生した。

　ユーザが著作権のあるデジタルコンテンツを交換するようになった最初期の
事例はナップスター（Napster）である。ショーン・ファニング（Shawn
Fanning）が 1999 年に興したベンチャー企業，ナップスターは PtoP（Pier to
Pier：ピア・トゥー・ピア）の技術を利用し，不特定多数の個人間でファイルが
交換できるサイトをつくった。これは，互いのコンピュータのハードディスク
に保存したデータを交換する仕組みであり，ユーザが互いに他人のハードディ
スクにアクセスすることで，他人が持っているファイルをコピーできる，共有
できる仕組みだった。ただし，技術的な観点でいうと，PtoP の純粋形は中心と
なるサーバがなくてもユーザ間でデータを交換できるようになっているもので
あると定義される。それゆえに，ナップスターのように中央サーバを備えて，
利用者のコンピュータの管理を保管しているシステムは PtoP の純粋形とはいえ
ないのだが，それが達成した結果が PtoP 的なので，PtoP サービスといわれた。

　ファニングが始めたナップスターでは，主に音楽ファイルが交換された。当
時のデファクトスタンダードであった圧縮方式の MP3 を使って音楽ファイルを
小さなデータファイルにした。ファイルサイズが小さくなったことで，当時の
低速な回線を使ってもかなりのファイルを交換し，共有することができた。こ
れにより，それまでお金を払って購入していた音楽コンテンツが「無料」で手
に入ることになったため，このサービスは学生を中心に大きな人気を集め，
2001 年のピーク時には 8000 万人もの人々がナップスターのソフトウェアをダ
ウンロードし，音楽ファイルを無料で交換していた。

　だが，著作権が保護されている音楽を，著作権者の許諾を得ることなく交換
したり，ダウンロードしたりすることは著作権法に違反する行為であり，音楽
産業の企業が受けた被害も大きかった。そのため，音楽産業の企業は，1999 年
に MP3 の推進企業に対して訴訟を開始し，2000 年半ばにナップスターを標的と
して告訴した。告訴を受けたナップスターは知的財産権を尊重し，権利を有す
るアーティストや音楽企業に対価を支払う方向に転換することを迫られた。長
い法廷闘争を経て，ナップスターは 2002 年に破産宣告をした（Cusumano,
2004）。

　ナップスターに類似した音楽ファイル交換サイトはその後も現れたが，いず
れも違法として摘発され，サービスを長く続けることはできなかった。その後，

アップルの iTunes ストアが権利問題をクリアした有料の音楽配信サービスを行うようになり，音楽をネットコンテンツとして流通させるビジネスが本格的に立ち上がった。

きく分けて，デジタルコンテンツのコピーが勝手に作られて無料になってしまっている場合と，企業がビジネスモデルを考えて無料化している場合に分けられる。ここでは，企業が意図的に無料化している場合に絞り，そのビジネスモデルを考えていこう。

　ICT 化が進み，ネットコンテンツが無料でも手に入る状況が生じたときに，企業は自社が提供するサービスやコンテンツで収益をあげるにはどうしたらよいのかを，あらためて考える必要が生じた。このとき，企業の選択肢としては大きく 2 つのビジネスモデルが考えられる。ひとつは，デジタルコンテンツ化，ネットコンテンツ化以前のビジネスモデルを維持してコンテンツ自体に支払いをしてもらい，収益をあげるビジネスモデルである。もうひとつは，デジタルコンテンツの無料化を前提に，二面市場戦略などを応用して新しいビジネスモデルを組み立てることである。現在は，この 2 つの方向性で企業がコンテンツのビジネスを展開している。

コンテンツ自体での収益化：有料化の「壁」と消費者心理

　音楽や映画やゲームの制作し，それを販売する企業（コンテンツプロバイダー）は，長らくコンテンツを提供する代わりに対価を得て，収益を確保するビジネスモデルを実行してきた。同様のビジネスモデルを継続しようとすれば，広告収入に依存するのではなく，コンテンツを有料で販売し，収益をあげることを目指す。ただし，インターネットの普及に伴って，ユーザ側の意識は変化してきた。多くのユーザがインターネットで多くの情報に接するようになり，インターネットで見られるものは無料であるという意識が消費者に根付いてしまった。

　インターネットの登場に伴うユーザの意識の変化は，インターネット通販の黎明期にも浮上した現象であった。たとえば，インターネット黎明期には，現

物を見ずに書籍をインターネットで買うことにかなりの人が抵抗を示す，知覚リスクの問題があった。それでも，現在ではアマゾンなどの成功により，インターネット通販に抵抗を示す人は減った。このことを考え合わせれば，ネットコンテンツの価格づけに関しても，ビジネス側からの働きかけによって変わっていく可能性がある。

　企業からユーザに働きかけて，それまで無料で提供していたコンテンツから対価を徴収するように変え，収益化することをマネタイズ（monetize）という。広義のマネタイズは金銭化全般を指すが，ここではインターネットのコンテンツやサービスの有料化と収益化を意味している。なお，マネタイズはデジタルコンテンツの実務で使われることが多い言葉であり，同じインターネットを使った販売でも物販にはあまり使われない。インターネット通販では，試供品を除けば，商品は対価との交換で配送されることが多いので，無料から有料への転換のために働きかけの必要性は低いからだと考えられる。このような言葉遣いの違いからも，無料だったコンテンツやサービスを有料へと転換することが課題になるのは，デジタルコンテンツのビジネスならでは問題であるともいえる。

　考えてみれば，物材を中心とした従来のビジネスでは，商品には何らかの価値があり，それに見合った価格がついていることが当然だと考えられていた。その背景には，物財を創り出すためには原材料や製造過程によるコストが存在しており，そうしたコストなどをカバーする価格が付けられることは疑われず，消費者も納得していた。他方，デジタルコンテンツの場合には，最初にコンテンツを創り出すときには制作費用などがかかる。具体的には，音楽のマスター版の制作費，映画の撮影費用，ゲームの開発費用などである。しかし，いったん制作費用をかけてデジタルコンテンツを創ってしまえば，それ以降はコピーをすることが容易であり，コストもそれほどかからない。そのため，「1点当たりの製造コスト」という考え方が馴染みにくく，コンテンツ提供にかかる総コストが高いのか低いのか判断しにくい。こうしたコスト構造があるために，価格付けの根拠に乏しく，コンテンツの価格設定に関して消費者を含めたコンセンサスが成り立ちにくい。それゆえに，あらためてマネタイズを支える理論と手法が必要になったとも考えられる（野島，2008）。

フリーミアムモデルとデータ駆動型マネジメント

　こうしたデジタルコンテンツの価格づけの根拠に関する問題，すなわちコンテンツプロバイダーとユーザの間の認識の違い，価格の妥当性に関するコンセンサスが必ずしも成立していないことを前提にすると，コンテンツを有料化しないという選択肢も考えざるを得ない。コンテンツを有料化せずに，コンテンツプロバイダーが収益をあげるビジネスモデルが必要な場合もあり，それが実現可能になった。そのひとつの典型が第 11 章の **Column❻**で紹介したフリーミアムモデルである。

　フリーミアムとは，フリーとプレミアムを組み合わせた造語である。無料もしくは自由を意味するフリーと，追加的もしくは特別なという意味を込めたプレミアムを，デジタルコンテンツもしくはサービスの提供に組み込んでいく。フリーとプレミアムの両方の要素を盛り込むことによって，全体としての収益化を目指すのがフリーミアムモデルのビジネスモデルである（Anderson, 2009；新宅・柳川，2008；田中・山口，2015）。

　無料コンテンツだからこそ，世界中にコンテンツが広がる。無料のコンテンツが持つ，この爆発的な威力を使って消費者を引き寄せ，一部について有料化をする。たとえば音楽では，楽曲自体は無料で提供して認知を高めた後で，熱狂的なファンに向けてプレミアム版の販売やライブなどを有料展開する方法がある。ユーザの多くが無料で音楽を聞くものの，追加的な要素や特別なサービスを欲する一部のユーザが支払いをすることで，そのコンテンツのビジネスが成り立つようにする。

　ほかのフリーミアム・モデルの成功事例は，オンラインゲームとソーシャルゲーム，スマートフォンゲームである。いずれもインターネットを通じて提供されるゲームであり，オンラインゲームは 1996 年頃からパソコンを中心に発展し，ソーシャルゲームは 2007 年頃からパソコンのソーシャルメディア上で展開され，日本では携帯電話向けソーシャルメディアサイトを中心に発展したゲームとそのビジネスである。スマートフォンのゲームは，スマートフォン経由でゲームコンテンツや付随するサービスを提供する分野であり，2010 年代以降，急速に利用者を増やしている。

❷ コンテンツビジネスのビジネスモデル　●　**195**

ソーシャルゲームやスマートフォンゲームのビジネスは高い収益性を実現したので、ベンチャー企業も含めて、多くの企業が参入した。しかしながら、他のビジネスと同様に、成功を収めた企業は一部の企業であった。それらの企業は、有料ユーザを獲得し、アイテムなどに対する課金でビジネスを成功させるノウハウを持ち、オペレーションを実行した企業であった。

一部のユーザから得られる収入でゲームタイトルの開発から運営までの全体をまかなうためには、「これなら有料でよい」と有料ユーザに思わせ、一方で「無料ならこれでよい」と無料ユーザに思わせることが必要であり、それにはゲームの内容やゲームバランスを調整する必要があった。さらに、有料利用のユーザと無料利用のユーザが不公平感を感じないような内容と価格を実現することが必要だった。そのような目的でゲームを調整するためには、ゲーム開発者や企業経営者の経験や勘だけでは十分ではなかった。経験や勘に加えて、ユーザのゲームのプレイ履歴データを分析し、場合によってはリアルタイムで、ゲーム内容を変えたり、アイテムなどの価格を調整したりすることなどが求められた。さらには、アイテムの変更やイベントの実施で生じるユーザ行動の変化に関する仮説を事前に立て、その仮説をデータで検証しながらゲームを変更していく手法も作られた。

データを活用したゲームのマネジメントは、データドリブン経営やデータ駆動型マネジメントと呼ばれた（第11章）。データに基づくマネジメントは、プレイ履歴を含む膨大なデータを蓄積して処理する技法を作り出す必要が生じた。オンラインのゲームを提供する企業は、データの収集と蓄積、および分析に関する組織能力を形成することが求められたのである。ゲームのビジネスで培われた経営資源と組織能力は、現在のコンテンツビジネスはもちろん、他のインターネット上のサービスのマネジメントへとつながっている（野島、2008；2010；2013）。

3 ユーザの役割

Web2.0 の提唱

　ゲームや音楽などのコンテンツビジネスがそうであったように，インターネットは当初，通販や広告など，企業から消費者へと情報やデータを流すチャネルであると見なされていた。初期のインターネットビジネスやポータルサイトのビジネス，バナー広告などのインターネット広告のビジネスは，その代表である。だが，2000 年代半ばになると，新しい考え方が生まれた。インターネットが持つ双方向性という特性を活かし，消費者から企業へ，あるいは消費者から他の消費者へという情報の流れが増え始めた。

　双方向性を活かした新しい動きを説明する概念として，Web2.0（ウェブニテンゼロ）が唱えられた。当初は，個人の情報発信もウェブサイトの構築に限られていたが，その後は，発信の手段がブログやソーシャルメディアへと変化し，広がった。同時に，企業から個人への BtoC のコンテンツ配信サイトに加えて，ウィキペディア（Wikipedia）やユーチューブ（YouTube）など，ユーザがコンテンツの投稿を行い，それを他のユーザが楽しむ情報の流れ，個人から個人への情報発信（CtoC）のサービスが普及した。こうしたネットビジネス，コンテンツビジネスの変化を捉え，ソフトウェアのバージョンアップになぞらえて「2.0」と表現した（図表 12-2）。

　Web2.0 という言葉は 2004 年頃から広まったが，特定の技術を指しているわけでもなく，明確な定義があるわけでもなかった。企業から個人への流れを中心とした既存のインターネットの情報の流れに代わる，新しいウェブサイトやインターネットサービスの総称として使われたと見た方が良い。主導者のひとりであるオライリーは，Web 2.0 をさまざまなウェブ技術やコンセプトの集合体として捉えた（O'Reilly, 2005）。

　Web 2.0 と総称された変化のもとで，企業の新しい競争の焦点は，どれだけ大量の情報を流通させ，情報の流れ（情報流）を自社サイトに引き付けるかに移った。マイクロソフトの Windows が OS の標準になることで PC 市場を支

3　ユーザの役割 ● 197

CHART 図表 12-2　オライリーによる Web2.0 の説明

Web1.0	Web2.0
DoubleClick	Google AdSense
Ofoto	Flickr
Akamai	BitTorrent
mp3.com	Napster
BritannicaOnline	Wikipedia
個人ウェブサイト	ブログ
evite	upcoming.org，EVDB
ドメイン名の投機	検索エンジンへの最適化（SEO）
ページビュー	クリック単価
スクリーン・スクレイピング	ウェブサービス
パブリッシング	参加
コンテンツ管理システム	wikis
ディレクトリ	タグ付け
（分類学）	（人々による分類：folksonomy）
スティッキネス	シンジケーション
（個々のサイトに対する顧客の忠誠度）	（サイトの垣根を越えた連携）

出所）　O'Reilly（2005；2009）。

配したように，IT 企業はインターネットの情報流を左右するようなプラット
フォームとなり，IT ビジネスの主導権を握ることを目標とするようになった。

　プラットフォームとなったウェブサイトでは，企業が基本的な機能を提供し
たとしても，ユーザによってさまざまな情報や機能が追加され，それらが互い
に組み合わされたり加工されたりして広まっていく。かつては，サイト制作者
である企業が配信した情報を受け止めるだけだったユーザが，自ら情報を発信
し，コンテンツの制作や提供に参加する立場へ変化した。

ユーザによるイノベーション

　Web2.0 が提唱されてから 20 年以上を経たいま，ユーザの動向は，ネットビ
ジネスやコンテンツビジネスに関わる企業はもちろん，多くの企業に影響を与
えるようになっている。いまや，ユーザは受動的に製品サービスを購入するだ
けの存在ではなく，能動的にネット上で行動する主体になっている。そのよう
なユーザの変化は，企業が顧客とより良い関係を築き，ビジネスを展開するた
めの手法や考え方を迫っている。

　いうなれば，ICT が経済社会を構成する企業やユーザなどのコミュニケー

198 ● CHAPTER **12**　どのようにユーザとともにビジネスを魅力的にするのか

Column ❽　Web3.0

　近年では，ブロックチェーンなどの新しい技術が登場したことに伴い，Web3.0 という概念も提唱されている。Web3.0 とは，ブロックチェーン上で，暗号資産等のトークンを媒体として「価値の共創・保有・交換」を行う経済が成り立つことを指す（経済産業省，2024）。企業から消費者に情報が流れるホームページやインターネットコマースが中心だった Web1.0 に対し，消費者を含めた多様な社会的主体が双方向で情報をやり取りする Web2.0 で経済と社会，そして企業経営が大きく変化したように，ブロックチェーンなどを使って価値がインターネット上で交換されるようになれば，あらためて社会と経済が変わるのではないかという見通しである。具体的には暗号資産や NFT（Non-Fungible Token：非代替性トークン）を使って経済的価値の移転と保証が行われ，それを基盤としてインターネット上の仮想世界（メタバース）での活動が活発化して，デジタルデータを基盤とした経済圏（デジタル経済圏）が成立し，リアルな世界と同等かそれ以上の重みを私たちの生活に与える可能性が考えられている。

ションを変化させたため，企業経営もそれに対応して変わる必要がある。ICT によって引き起こされたコミュニケーションの変化は，企業という境界を超えた変化である。具体的には，コミュニケーションのスピードが速くなり，形式知化されて可視化され，多様なチャネルでコミュニケーションが行われて複線（複合）化している。このことが，インターネット上の「組織（化）」の変化をもたらしている。

　コミュニケーションの変化がもたらしている変化のうち，社会的な影響をもたらしている現象のひとつのが，ユーザの開発活動やイノベーションへの参加である。現在の私たちは，イノベーションは企業がもたらすものと暗黙のうちに決めがちだ。そうした暗黙の前提に対して，イノベーションの「源泉」は企業とは限らない，と最初に主張したのはフォン・ヒッペルだった（von Hippel, 1988）。フォン・ヒッペルは，科学機器や医療器具の研究を通じて，企業が開発した機器の改良や，新たな機器の開発がその使用者によって行われることを示し，「ユーザイノベーション」という概念を提示した（von Hippel, 1988）。

　フォン・ヒッペルが提唱したユーザによるイノベーションは，1990 年代に

3　ユーザの役割　● **199**

Column ❾ オープンソースソフトウェア

オープンソースソフトウェアの開発では，顔を見知らぬ同士が集い，インターネット上でコミュニケーションをとりながらソフトウェアを共同作業で作り上げている。OS のリナックス（Linux）は，世界規模のユーザ組織によって制作されたオープンソースソフトウェアの成功例である。

オープンソースソフトウェアの利点は，多数の開発者がいるため開発スピードが速いこと，開発されたソフトウェアをネットで配布するので社会への普及が急速に進むことにある。さらに，リリース後も月ごとや週ごとに新機能が加えられ常に進化していくことで，品質が継続的かつ迅速に向上していく。

その一方で，インターネットの中で成り立つ開発組織では，企業組織で行われるような厳密な管理ができない。そのため，ミスやバグの発見や対応が問題となる。この問題に対しては，OSS よりも古くから有志による自由なソフトウェア開発（フリーソフトウェア運動）に関わったレイモンドが「目玉の数さえ十分あれば，どんなバグも深刻ではない」と述べたことが実践されている。すなわち，多数の参加者がバグの発見と対応をすることで，事後的にバグやミスが訂正され，完成度が高まっていくと考えられている。実際，2000 年代以降活発化した OSS，もしくはそれに類するインターネット上のソフトウェア開発は，現在に至るまで開発プロジェクトが増え，開発成果であるプログラムやアプリケーションも多様化して，現代社会の中で重要な役割を果たすようになっている。

インターネットとソフトウェアの利用が拡大していくなかで，大きな広がりと変化を見せる。ハードウェアの性能向上と通信手段としてのインターネットの普及によって，ユーザがソフトウェアを開発，改変，配布することが容易になったからである。ユーザによるソフトウェアの開発への参加や，ユーザからのフィードバックがソフトウェア開発を変えつつあるという報告は，1990 年代後半から増え始めた。たとえば，インターネットを閲覧するアプリケーションソフトであるブラウザの初期の競争において，巨大企業のマイクロソフトと，新興企業のネットスケープ（Netscape）は対等の競争を繰り広げたが，その背景には，ユーザの力を活かしたネットスケープの取り組みがあった（Iansiti and MacCormack, 1997；Cusumano and Yoffie, 1998）。ユーザ自身がソフトウェアを開

発し，コンピュータを自由に利用しようという運動としては，リチャード・ストールマンの「フリーソフトウェア運動」があったし，フリーウェアやシェアウェアといった形態で，企業が開発しない，開発できないソフトウェアを提供しようという人たちも多かった。さらに，1990年代後半にウィンドウズに対抗するOSとして注目を浴びたリナックス（Linux）を中心として，ソースコードを公開し，共有して開発を進めるオープンソースソフトウェア（OSS：Open Source Software）の開発事例が急速に増え，それを対象とした研究も増えた（von Hippel, 2005）。

　OSSの事例で興味深いことのひとつは，それまで別だと考えられていた開発者とユーザが，ネット上にコミュニティ形成したことだった。そこで，ソフトウェア開発を担うネット上のコミュニティに着目が集まった。近年の研究では，ソフトウェアのライセンス，開発コミュニティ参加者の属性，開発に参加する人々のモチベーション（動機づけ），プロジェクトのガバナンス（組織運営方法）などに焦点を当て，どのような場合に，良い開発コミュニティが形成され，維持されて，ソフトウェア開発を成功させることができるのかが論じられている。

ユーザが作る組織

　前節までで紹介したような企業とユーザの協働をどのように捉えるべきだろうか。企業かユーザかという対比的な捉え方もできるが，組織（公式組織）という概念の定義に立ち戻ってみると，異なる見方もできるようになる。

　高橋伸夫の一連の研究（高橋，1995；2003；2006；2016；高橋，2000）によれば，企業と組織は別の概念だとされている。企業は制度あるいは境界の概念で，組織は実態として機能しているネットワークだという主張である。この企業と組織の概念としての違いを受け入れると，開発のみならず，マーケティングや製品サービスの評価といった活動が，現在では企業の境界を越えて広がり，ユーザをも含めた組織としての活動になっていると見なすことができる。私たちユーザは，企業の境界の外にいるものの，時と場合によっては組織のメンバーとなり，製品やサービスに関するさまざまな活動の一端を担っていると考えられる。オンラインソフトウェアの開発と配布や，ウェブサービスの事例研究に

3　ユーザの役割　●　201

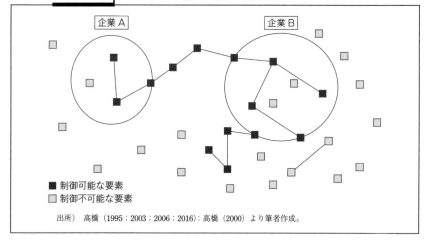

図表12-3 企業の境界と組織の広がり

■ 制御可能な要素
□ 制御不可能な要素

出所）髙橋（1995；2003；2006；2016）；髙橋（2000）より筆者作成。

基づいて，より詳しく検討してみよう（藤田・生稲，2008；生稲・藤田，2011）（図表12-3）。

現在では，インターネットをコミュニケーションチャネルにした組織の成立を随所に見て取ることができる。これを「ユーザの組織化」と呼んでみよう。そのとき，ユーザの組織化には高低があり，それは主に3つの観点で評価できると考えられる。第1に，ユーザと開発者が直接コンタクトを取れる場合にユーザの組織化は高いといえる。第2に，ユーザと開発者の間で情報を頻繁にやり取りできる場合にユーザの組織化は高いといえる。第3に，ユーザであると同時に開発に関与する「イノベーティブユーザ」が存在する場合に，ユーザの組織化の程度が高いといえる。これらの3つの現象が観察されるときに，ユーザと企業，あるいはユーザ同士は，インターネットを介してコミュニケーションを取り，そのコミュニケーションの中から共通の目的を見出し，そして，自らが何かをしたいという意欲（貢献意欲）を持つようになる。言い換えれば，インターネットがコミュニケーションチャネルとなり，Barnard（1938）が定義した公式組織の成立条件が満たされたときに，ユーザの組織化が最もよく実現された状態であるといえる。

ユーザの組織化が高い程度で実現しているときには，開発者（開発主体）に速く，大量に情報が流れ込む。より具体的にいえば，ソフトウェアやウェブサービスなどを提供している企業に，多種多様，大量のフィードバック情報が

寄せられる。「この製品サービスをこうしてほしい」といった提案や要望，情報である。その場合には，開発者が速い情報の流れに対応する必要が生じるだろう。それとともに，ユーザが開発などの活動の一部を担うことになるので，早いペースで製品やサービスの機能を向上させる可能性が高まる。さらにいえば，イノベーションという現象も，企業が中心となりつつ，ユーザとともに実現していく現象である。企業が開発し，世に送り出した製品やサービスを契機として，それらがどのように使えるのか，どのような使い方が望ましいのかといったことを徐々にユーザや企業が理解を深めていき，どのような観点でなぜ価値があるのかを定めていく。いうなれば，企業とユーザを含む社会全体として，新しい製品やサービスに関する「学び」が進んで，その価値が定立される過程がイノベーションであるとも考えられる（生稲・藤田，2012）。

　現在では，ユーザからデータや情報を集めて，それを製品やサービスの改良に役立てようとするマネジメントスタイルは広く見られるようになった。それによって成果をあげている企業，製品やサービスもある。このように，製品やサービスを提供する企業と，それを購入し，使用するユーザの関係は変化している。

　OSS を題材にしたインターネット上のコミュニティの研究など，現代の経営学の研究成果は，企業とユーザの関係について一定の示唆を与えてはくれる。だが，まだ十分とはいえない。企業という境界の中に所属する人々だけではなく，企業の境界の外にいる人々であるユーザをも動機づけるためにはどのような施策，マネジメントが必要なのか。ユーザの貢献をいかにビジネスの中に組み込んでいくのか。こうした問いに答えることが今後の学術的，実務的な課題である。

EXERCISE

　あなたがよく利用するコンテンツは，どのようなビジネスモデルでマネタイズをしているのだろうか。また，ユーザがどのように参加することでコンテンツが変化しているだろうか。

| 読 書 案 内 | Bookguide |

河島伸子・生稲史彦編（2024）『クリエイティブ・ジャパン戦略』白桃書房。
→今日の日本において，コンテンツのビジネスを活性化するには何が望ましいのかを考えた論文集。実務家，研究者，政策担当者がそれぞれの立場から望ましいコンテンツビジネスのあり方を論じている。

* 本章の第1節と第2節は，生稲・髙井・野島（2021）の第13章・第14章，また第15章の一部を用いて加筆・修正したものである。

参 考 文 献

欧文文献

Anderson, C. (2006), *The Long Tail: Why the Future of Business is Selling Less of More*, New York: Hyperion. 邦訳，C. アンダーソン（2006）『ロングテール：売れない商品を宝の山に変える新戦略』篠森ゆりこ訳，早川書房。

Anderson, C. (2009), *FREE: The Future of a Radical Price*, New York: Random House. 邦訳，クリス・アンダーソン（2009）『フリー〈無料〉からお金を生みだす新戦略』小林弘人・高橋則明訳，日本放送出版協会。

Baldwin, R. (2016), *The Great Convergence: Information Technology and the New Globalization*, Cambridge, MA: Harvard University Press. 邦訳，リチャード・ボールドウィン（2018）『世界経済 大いなる収斂 IT がもたらす新次元のグローバリゼーション』遠藤真美訳，日本経済出版社。

Barnard, C. I. (1938), *The Functions of The Executive*, Boston, MA: Harvard Business School Press. 邦訳，チェスター・I. バーナード（1968）『新訳 経営者の役割』山本安次郎・田杉競・飯野春樹訳，ダイヤモンド社。

Barney, J. B. (1991), "Firm Resources and Sustained Competitive Advantage," *Journal of Management*, 17(1), 99-120.

Barney, J. B. (2019), *Gaining and Sustaining Competitive Advantage*, Global Edition, New York: Addison-Wesley Publishing Company. 邦訳，ジェイ・B. バーニー（2021）『[新版] 企業戦略論：競争優位の構築と持続（上）（中）（下）』岡田正大訳，ダイヤモンド社。

Bharadwaj, A. S. (2000), "A Resource-Based Perspective on Information Technology Capability and Firm Performance: An Empirical Investigation," *MIS Quarterly*, 24(1), 169-196.

Chesbrough, H. W. (2003), *Open Innovation: The New Imperative for Creating and Profiting from Technology*, Boston: Harvard Business School Press. 邦訳，H. W. チェスブロウ，（2006）『OPEN INNOVATION ハーバード流 イノベーション戦略のすべて』大前恵一朗訳，産業能率大学出版部。

Christensen, C. M. (1997), *The Innovator's Dilemma: When New Technologies Cause Great Firms to Fail*, Boston: Harvard Business School Press. 邦訳，C. M. クリステンセン，（2000）『イノベーションのジレンマ：技術革新が巨大企業を滅ぼすとき』伊豆原弓訳，翔泳社。

Cukier, K. (2010), "Data, Data Everywhere: A Special Report on Managing Information," *The Economist*, 394, 3-5.

Cusumano, M. A. (2004), *The Business of Software*, New York: Free Press. 邦訳，マイケル・A. クスマノ（2004）『ソフトウェア企業の競争戦略』サイコム・インターナショナル監訳，ダイヤモンド社。

Cusumano, M. A., Gawer, A., & Yoffie, D. (2019), *The Business of Platforms: Strategy in the Age of Digital Competition, Innovation, and Power*, New York: Harper Business. 邦訳，マイケル・A. クスマノ，アナベル・ガワー，デヴィッド・B. ヨッフィー（2020）『プラットフォームビジネス：デジタル時代を支配する力と陥穽』青島矢一監訳，有斐閣。

Cusumano, M., & Yoffie, D. (1998), *Competing on Internet Time*, New York: Free Press. 邦訳，マイケル・クスマノ，ディビッド・ヨッフィー（1999）『食うか食われるか ネットスケー

● 205

プ vs. マイクロソフト』松浦秀明訳，毎日新聞社。

Dorsey, J. R., & Villa, D. (2021), *Zconomy: How Gen Z Will Change the Future of Business: and What to Do About It*, New York: Harper Business, an imprint of HarperCollins Publishers. 邦訳，ジェイソン・ドーシー，デニス・ヴィラ（2021）『Z世代マーケティング：世界を激変させるニューノーマル』門脇弘典訳，ハーパーコリンズジャパン。

Eisenmann, T., Parker, G., & Van Alstyne, M. W. (2006), "Strategies for Two-sided Markets," *Harvard Business Review*, 84(10), 92.

Gassmann, O., & Enkel, E. (2004), "Towards a Theory of Open Innovation: Three Core Process Archetypes," *Proceedings of the R&D Management Conference*, Lisbon, Portugal, July 6-9.

Gawer, A., & Cusumano, M. A. (2002), *Platform Leadership: How Intel, Microsoft, and Cisco Drive Industry Innovation,* Boston: Harvard Business School Press. 邦訳，アナベル・ガワー，マイケル・A. クスマノ（2005）『プラットフォーム・リーダーシップ：イノベーションを導く新しい経営戦略』小林敏男訳，有斐閣。

Hamel, G., & Prahalad, C. K. (1994), *Competing for the Future*, Boston: Harvard Business School Press. 邦訳，G. ハメル，C. K. プラハラード（1995）『コア・コンピタンス経営：未来への競争戦略』一條和生訳，日本経済新聞社。

Hammer, M., & Champy, J. (1993), *Reengineering the Corporation: A Manifesto for Business Revolution*, London: Nicholas Brealey Publishing. 邦訳，M. ハマー，J. チャンピー（1993）『リエンジニアリング革命：企業を根本から変える業務革新』野中郁次郎監訳，日本経済新聞社。

Iansiti, M., & McCormick, A. (1997), "Developing Products on Internet Time," *Harvard Business Review*, 75(5), 108-118. 邦訳，マルコ・イアンシティ，アラン・マコーマック（2001）「インターネット時代の製品開発」『ネットワーク戦略論』DIAMOND ハーバード・ビジネス・レビュー編集部訳，ダイヤモンド社。

Katz, M. L., & Shapiro, C. (1985), "Network Externalities, Competition, and Compatibility," *American Economic Review*, 75(3), 424-440.

Kay, A. C. (1977), "Microelectronics and the Personal Computer," *Scientific American*, 237(3), 230-245. 邦訳，アラン・C. ケイ（1992）『アラン・ケイ』浜野保樹監修・鶴岡雄二訳，アスキー出版社。

Kotler, P., Kartajaya, H., & Setiawan, I. (2010), *Marketing 3.0: From Products to Customers to the Human Spirit*, Hoboken, NJ: Wiley. 邦訳，P. コトラー，H. カルタジャヤ，I. セティアワン（2010）『コトラーのマーケティング3.0』恩蔵直人監訳，朝日新聞出版。

Kotler, P., Kartajaya, H., & Setiawan, I. (2017), *Marketing 4.0: Moving from Traditional to Digital*, Hoboken, NJ: Wiley. 邦訳，P. コトラー，H. カルタジャヤ，I. セティアワン（2017）『コトラーのマーケティング4.0』恩蔵直人監訳，朝日新聞出版。

Kotler, P., Kartajaya, H., & Setiawan, I. (2021), *Marketing 5.0: Technology for Humanity*, Hoboken, NJ: Wiley. 邦訳，P. コトラー，H. カルタジャヤ，I. セティアワン（2021）『コトラーのマーケティング5.0 デジタル・テクノロジー時代の革新戦略』恩蔵直人監訳，朝日新聞出版。

Mayer-Schönberger, V., & Cukier, K. (2013), *Big Data: A Revolution That Will Transform: How We Live, Work, and Think*, Boston: Houghton Mifflin Harcourt. 邦訳，V. マイヤー゠ショーンベルガー，K. クキエ（2013）『ビッグデータの正体：情報の産業革命が世界のすべてを

変える』斎藤栄一郎訳，講談社。

Moore, G. A.（1991），*Crossing the Chasm: Marketing and Selling High-Tech Products to Mainstream Customers*, New York: Harper Business. 邦訳，G. A. ムーア（1993）『キャズム』川又政治訳，翔泳社。

Moore, G. A.（2005），*Inside the Tornado: Strategies for Developing, Leveraging, and Surviving Hypergrowth Markets*, New York: Harper Business. 邦訳，G. A. ムーア（2011）『トルネード』中山宥訳，海と月社。

Moore, G. A.（2014），*Crossing the Chasm, 3rd Edition: Marketing and Selling Disruptive Products to Mainstream Customers*, New York: Harper Business. 邦訳，G. A. ムーア（2014）『キャズム Ver.2：新商品をブレイクさせる「超」マーケティング理論』川又政治訳，翔泳社。

O'reilly, T.（2005），"What is Web2.0" Retrieved from https://www.oreilly.com/pub/a/web2/archive/what-is-web-20.html （2024年8月31日確認）邦訳，ティム・オライリー「Web 2.0：次世代ソフトウェアのデザインパターンとビジネスモデル（前編）」http://japan.cnet.com/sp/column_web20/20090039/ （2024年8月31日アクセス）

O'reilly, T.（2009），*What is Web 2.0: Design Patterns and Business Models for the Next Generation of Software*, O'Reilly Media, Inc.

Penrose, E. T.（1959; 1980; 1995），*The Theory of the Growth of the Firm,* 3rd ed., Oxford: Oxford University Press. 邦訳，エディス・ペンローズ（2010）『企業成長の理論』日高千景訳，ダイヤモンド社。

Porter, M. E.（1980），*Competitive Strategy*, New York: Free Press. 邦訳，M.E. ポーター（1982）『競争の戦略』土岐坤・中辻萬治・服部照夫訳，ダイヤモンド社。

Porter, M. E.（1985），*Competitive Advantage: Creating and Sustaining Superior performance*, New York: Free Press. 邦訳，M. E. ポーター（1985）『競争優位の戦略：いかに高業績を持続させるか』土岐坤・中辻萬治・小野寺武夫訳，ダイヤモンド社。

Porter, M. E.（2001），"Strategy and the Internet," *Harvard Business Review*, 79(3), 63-78. 邦訳，M.E. ポーター（2001）「戦略の本質は変わらない」『Diamond ハーバード・ビジネス・レビュー』5月号，52-77。

Porter, M. E., & Heppelmann, J. E.（2014），"How Smart, Connected Products Are Transforming Competition," *Harvard Business Review*, 92(11), 65-88. 邦訳，M.E. ポーター，J.E. ヘプルマン（2015）「『接続機能を持つスマート製品』が変える IoT 時代の競争戦略」『DIAMOND ハーバード・ビジネス・レビュー』4月号，38-69。

Rochet, J.C., & Tirole, J.（2003），"Platform Competition in Two-sided Markets," *Journal of the European Economic Association,* 1(4), 990-1029.

Rogers, E. M.（1962），*Diffusion of Innovations*. New York: The Free Press of Glencoe. 邦訳，E. M. ロジャーズ（2007）『イノベーションの普及』三藤利雄訳，翔泳社。

Schumpeter, J. A.（1934），*The Theory of Economic Development: An Inquiry into Profits, Capital, Credit, Interest, and the Business Cycle*, Cambridge, MA: Harvard University Press. 邦訳，J. A. シュンペーター（1977）『経済発展の理論：企業者利潤・資本・信用・利子および景気の回転に関する一研究』塩野谷祐一・中山伊知郎・東畑精一訳，岩波文庫。

Takeuchi, H., & Nonaka, I.（1986），"The New New Product Development Game," *Harvard Business Review*, 64(1), 137-146.

The Economist, "The World's Most Valuable Resource is no Longer Oil, but Data," May 6th 2017.

https://www.economist.com/leaders/2017/05/06/the-worlds-most-valuable-resource-is-no-longer-oil-but-data, (accessed 2024-08-31)

Tushman, M. L., & Anderson, P. (1986), "Technological Discontinuities and Organizational environments," *Administrative Science Quarterly*, 31, 439-465.

von Hippel, E. (2005), *Democratizing Innovation*, Cambridge, MA: MIT Press. 邦訳, エリック・フォン・ヒッペル (2005)『民主化するイノベーションの時代』サイコム・インターナショナル. ファーストプレス.

von Hippel, Eric. A. (1988), *The Sources of Innovation*, Oxford, Oxford University Press. 邦訳, エリック・フォン・ヒッペル (1991)『イノベーションの源泉』榊原清則訳. ダイヤモンド社。

Wada, T., Ichikoji, T., & Ikuine, F. (2014), "Platform Paradox," *Annals of Business Administrative Science*, 13, 91-103.

Wiseman, C. (1988), *Strategic Information Systems*, Illinois: Richard D. Irwin Inc. 邦訳, C. ワイズマン (1989)『戦略的情報システム』土屋守章・辻新六訳, ダイヤモンド社。

日本語文献

網倉久永・新宅純二郎 (2011),『経営戦略入門』日本経済新聞出版。

生稲史彦・高井文子・野島美保 (2021),『コア・テキスト　経営情報論』新世社。

生稲史彦・藤田英樹 (2011),「ソフトウェアの開発スタイルの進化：ネットワーク上の公式組織」『赤門マネジメント・レビュー』10(4), 271-310. doi.org/10.14955/amr.100402

生稲史彦・藤田英樹 (2012),「社会的な『学び』としてのイノベーション」『知識共創』第2号, pp.III3-1-III3-10。

伊丹敬之 (2012),『経営戦略の論理 (第4版) ダイナミック適合と不均衡ダイナミズム』日本経済新聞出版。

魚田勝臣編著 (2020), (『コンピュータ概論：情報システム入門 (第8版)』共立出版。

遠藤諭 (2016),『新装版　計算機屋かく戦えり』アスキー出版局。

小野﨑彩子 (2022-2023),「産業の情報化と情報の産業化に関する日米中比較分析」『社会情報学』11(1), 17-32。

加護野忠男・井上達彦 (2004),『事業システム戦略』有斐閣。

加藤俊彦・青島矢一 (2012),『競争戦略論 (第2版)』東洋経済新報社。

河島伸子 (2009),『コンテンツ産業論：文化創造の経済・法・マネジメント (第1版)』ミネルヴァ書房。

河島伸子 (2020),『コンテンツ産業論：文化創造の経済・法・マネジメント (第2版)』ミネルヴァ書房。

河島伸子・生稲史彦編著 (2013),『変貌する日本のコンテンツ産業：創造性と多様性の模索』ミネルヴァ書房。

河島伸子・生稲史彦編著 (2024),『クリエイティブ・ジャパン戦略』白桃書房。

國領二郎 (1995),『オープン・ネットワーク経営：企業戦略の新潮流』日本経済新聞社。

國領二郎 (1999),『オープン・アーキテクチャ戦略』ダイヤモンド社。

小林亮太・篠本滋・甘利俊一 (2022),『AI新世：人工知能と人類の行方』文春新書。

近能善範・高井文子 (2024),『コア・テキスト　イノベーション・マネジメント (増補改訂版)』新世社。

新宅純二郎・柳川範之編著（2008），『フリーコピーの経済学』日本経済新聞社。

高橋伸夫（1995; 2003; 2006; 2016），『経営の再生：戦略の時代・組織の時代（初版，新版，第3版，第4版）』有斐閣。

高橋伸夫編著（2000），『超企業・組織論』有斐閣。

立本博文（2017），『プラットフォーム企業のグローバル戦略』有斐閣。

田中辰雄・山口真一（2015），『ソーシャルゲームのビジネスモデル』勁草書房。

デジタルコンテンツ協会（各年版），『デジタルコンテンツ白書』。

野島美保（2008），『人はなぜ形のないものを買うのか：仮想世界のビジネスモデル』NTT出版。

野島美保（2010），「ユーザーがお金を払いやすくなる仕掛け：アイテム課金が優れている理由」http://bizmakoto.jp/makoto/articles/1012/21/news002.html

野島美保（2013），「ゲーム業界におけるオンライン化とカジュアル化：ビデオゲームからソーシャルゲームまで」河島伸子・生稲史彦編著『変貌する日本のコンテンツ産業：創造性と多様性の模索』第6章，ミネルヴァ書房。

平鍋健児・野中郁次郎（2013），『アジャイル開発とスクラム』翔泳社。

藤田英樹・生稲史彦（2008），「Yahoo! 知恵袋 ケース・スタディ：Web サービスの開発におけるユーザの組織化」『赤門マネジメント・レビュー』7(6)，303-338。

藤本隆宏（2001），『生産マネジメント入門Ⅰ』日本経済新聞社。

官公庁発行物，白書，記事，ウェブサイト

経済産業省（2018），『DX レポート』経済産業省。

経済産業省（2024），Web3.0
https://www.meti.go.jp/policy/economy/keiei_innovation/sangyokinyu/Web3/index.html
（2024 年 8 月 31 日アクセス）

財務省（2004），『法人企業統計調査』財務省。

財務省（2014），『法人企業統計調査』財務省。

財務省（2024），『法人企業統計調査』財務省。

総務省（2014），『平成 26 年版　情報通信白書』総務省。

総務省（2019），『令和元年版　情報通信白書』
https://www.soumu.go.jp/johotsusintokei/whitepaper/ja/r01/html/nd111310.html　（2024年 8 月 31 日アクセス）

総務省資料「ICT スキル総合習得教材　データ分析」。

ヤマトホールディングス ホームページ
https://business.kuronekoyamato.co.jp/service/lineup/fulfillment/index.html

ベリサーブ（2019），「アジャイル開発とテスターの役割」
https://www.veriserve.co.jp/asset/agile01.html

インスタラボ ホームページ
https://find-model.jp/insta-lab/about-influencer/

電通「日本の広告費 2023」
https://www.dentsu.co.jp/news/release/2024/0227-010688.html

米ビジネスウイーク誌『THE BUSINESS WEEK GLOBAL 1000』1989 年 7 月 17 日，2024 年 1月 9 日。

参考文献 ● 209

https://www.novelvista.com/blogs/news/10-companies-successfully-implemented-devops（2025年1月17日アクセス）

NTT データ先端技術 ホームページ

https://www.intellilink.co.jp/business/software/devops.aspx（2025年1月17日アクセス）

http://www.intellilink.co.jp/services/system_develop/devops.html（2025年1月17日アクセス）

https://content.microfocus.com/optimize-devops-tb/companies-killing-devops-2020

https://cto-a.github.io/dxcriteria/

索　引

事　項

数字・アルファベット

A 〜 G

AI（Artificial Intelligence, 人工知能）　6, 112, 142

App Store　68, 142, 166

AWS（Amazon Web Services）　111, 159, 179

BAT　69

BI（Business Intelligence）　6

Big Tech（ビッグテック）　184

BPR（Business Process Reengineering）　64

CADDE（ジャッデ）4.0　119

CD（Continuous Delivery）　96

ChatGPT　10, 33, 114

CI（Continuous Intergration）　95

CtoC　154, 197

CVC（コーポレートベンチャーキャピタル）　169

DATA.GO.JP　108

DevOps（Development & Operation）　97

DSS（Decision Support System, 意思決定支援システム）　63

DX（Digital Transformation）　65, 101

「DX レポート」　65, 66

EC 事業　51

EDPS（Electronic Dta Processing System, 電子データ処理システム）　62

EMS（Electronics Manufacturing Service）　50

ERP（Enterprise Resource Plannning, 経営資源計画, 経営資源の統合管理）　59, 60, 64–66

——パッケージ　65

e-Stat　108

EU（欧州連合）　118

EZWeb　165

GAFA　69

GDPR（General Data Protection Regulation, 一般データ保護規則）　118

Github Copilot　114

Google トレンド　66, 111

GPU　27

H 〜 N

Hadoop　109

IBM System/360　62

IC タグ　115

ICT（情報通信技術）　2, 8, 53, 129

——投資の費用対効果　7

——と企業の競争優位　3

ID カード　116

IoT（Internet of Things, モノのインターネット）　34, 108, 115, 142

——端末のセキュリティ　117

——の課題　117

iPad　50

iPhone　50, 52, 142, 153, 158, 166

iPod　166

i モード　165

IT ケイパビリティ　131

IT 生産性パラドクス　7, 130

iTunes　68

——ストア　193

Linux（リナックス）　169

Macbook　142

make or buy　132

MIS（Management Information System, 経営情報システム）　62

MVC フレームワーク　76, 99

NFT（Non-Fungible Token, 非代替性トークン）　199

NIEM（National Information Exchange Model）　119

NoSQL データベース　109

O 〜 S

ODM（Original Design Manufacturing, 開発・製造委託）　51

OEM（Original Equipment Manufacturing, 製造委託）　50

Office　27

OS（Operating Software）　183

OSS →オープンソフトウェア
POS（Point of Sales）
——システム　41, 132
——データ　109
——レジ　58
PtoP（ピア・トゥー・ピア）　192
QCD　79
RBV（Resource-Based View, 資源・能力アプローチ）　39, 46, 124, 131
RDBM（リレーショナルデータベース管理システム）　109
RFID（Radio-Frequency Identification）タグ　116
SaaS（Software as a Service）　179
Salesforce　159
SAP　59, 66
SIMEC（Single Market for Electronic Communication）　119
SIS（Strategic Information Systems, 戦略的情報システム）　64
SNS　142, 143
Sony Startup Acceleration Program（SSAP）　169
Spark　109
SSD（Solid State Drive）　26
Stable Diffusion　10

T〜Z

Tesla Model S　158
V字モデル　92, 93
Variety（データの種類）　106
Velocity（データ生成のスピード）　106
Volume（データの総量）　106
VR（バーチャルリアリティ）　142
V-RESAS　111
VRIO フレームワーク　42
VRIO 分析　45
W字モデル　92, 93
Web2.0　197
Web3.0　199
Windows　197
YouTube　146
Z世代　143

50 音順

あ 行

アーキテクチャ（設計思想）　76, 77, 80
アーリーアダプター（初期小数採用者）　150, 152

アーリーマジョリティ（前期多数採用者）　150, 152
アイデア　53
アジャイル（開発）　82, 85
——のデメリット　84
——のメリット　84
アジャイル・マニフェスト　84, 94
アジャイルモデル　72
アフィリエイト・プログラム　161
アルゴリズム　110
暗号資産　199
アンバンドリング　49
3つの——　53
意思決定　6
非定型的な——　63
意思決定支援システム　→ DSS
5つの競争要因モデル　20, 21, 28
——と ICT　32
一般データ保護規則　→ GDPR
イテレーション　83, 85
イノベーション　203
——普及学　150
——マネジメント　158
システム——　159
持続的——　163
能力破壊型——　160
プロセス——　158
プロダクト——　158
分断的——　163, 165, 167
イノベーター（革新的採用者）　150
イノベーターのジレンマ　164, 166
イノベーティブユーザ　202
医療情報システム　61
医療データサービス　68
因果関係の曖昧性　44
インターネット　191
——上の「組織（化）」　199
——の普及　3, 141
インターネット広告　145, 197
——の効果　147
——の種類　146
インターネットショッピング　162
インフルエンサー　143
——マーケティング　144
インフルエンス　142
インプレッション効果　147
ウィキペディア（Wikipedia）　197
ウェブ　145, 146, 148
ウェブニテンゼロ　→ Web2.0

212 ● 索 引

ウォーターフォール（開発）　73
　　──とアジャイル開発の比較　83
　　──のテスト　91
ウォーターフォールモデル　72, 73, 93
　　──のデメリット　78
　　──のメリット　78
売り手の競争力　32
売り手の交渉力　22, 26, 31
運用オペレーション　97
営業・マーケティング　47
エッジコンピューティング　77
エンゲージメント力　144
演算速度の向上　108
オーダーメイド治療　68
オーバーシューティング現象　168
オープンイノベーション　168, 169
　　アウトバンド型──　169
　　インバウンド型──　169
　　カップルド型──　169
オープンソースソフトウェア（OSS）　200,
　201
オペレーション　126
音楽ファイル交換サイト　192
オンラインゲーム　182, 195
オンラインコマース　186
オンライン証券　32, 46
オンラインショッピングモール　178, 182

か　行
買い手の交渉力　22, 25, 31, 32
開　発　97
開発工程とテスト工程の対応関係　92
開発コミュニティ　201
開発者経験　101
開発・製造委託　→ODM
開発プロセスにおけるテスト　93
外部化　49
外部環境　20
外部要因　21
価格競争　24
価格弾力性　176, 180
画像生成　114
価値連鎖　→バリューチェーン
家庭用ゲーム機　178
カーナビゲーションシステム　79
カニバリゼーション　164
株式時価世界ランキング　160
カリスマ創業者　44
機械学習（マシンラーニング）　110, 112, 114

機械的機構　57
期　間　79
基幹系システム　59
企　業　201
　　──の境界　203
　　──の独自性　129, 130
　　──の利益機会　22
企業行動　126
技術交代　168
技術進歩　41
技術的負債　100
技術変化　163
希少性　42, 43
規　制　24, 25
既存企業間の対抗度　22, 30, 31
規模の経済（性）　24, 179
キャズム（理論）　151
行政システム　61
競争圧力　32
競争企業（数／規模とパワー）　23
競争戦略　20
競争優位　7, 20, 42, 125
　　──・劣位　124
　　複数企業が協力して得る──　48, 68
協調フィルタリング　111
業務活動　40
業務統合パッケージ　65
業務の標準化　59
業務フロー　133
金融企画　47
金融ビッグバン　31, 46
組込みシステム　82
クライアントサーバ　77
クラウド環境の整備　99
クラウドコンピューティング　108
グループウェア　60
クロスメディア　148
グローバリゼーション　53
グロボティクス（globotics）　53
経営学　11
経営資源　38, 124, 125, 185
　　──・能力　44
　　──の蓄積　127
　　──の統合管理　→ERP
経営資源計画　→ERP
経営情報システム　→MIS
計　画　129
　　──と実行の見直し　129
経験効果　24

事　項　● 213

経済価値　42
継続的インテグレーション（CI）　94, 102
継続的デリバリー（CD）　94, 95, 102
携帯端末（ガラケー）のビジネスモデル
　　165
携帯電話業界　165
景品表示法　145
検索サービス　183
検索連動型広告　146
検　証　76, 92
コアコンピタンス　45
広告収入　183
交渉力　26
構成要素の間の相互作用　80
構造化データ　107, 109
行動履歴　111
購入履歴　111
後方統合の戦略　26
顧客価値　42
顧客志向　141
顧客体験価値（ユーザエクスペリエンス，UX）
　　142
個人情報保護法　119
個人データ　118
コスト　24
　　——と収入のアンバランス　182
5 段階の進化　141
コーポレートベンチャーキャピタル　→ CVC
コミュニケーション　199
　　——のチャネルの数　80
　　——ロス　82
コンテンツ　190
　　——自体での収益化　193
　　——の共有　192
　　——の無料（化／流通）　191, 193
コンテンツプロバイダー　193
コントロール　76
コンビニエンスストア　127
コンピュータリテラシー　61

さ 行

サイコグラフィック変数　139, 140
サイド間ネットワーク効果　175
サイド内ネットワーク効果　175
サブスクリプション型　140
差別化　7
サポート資源　47
産業の情報化　67, 68
参入障壁　24

——を高める要因　24
支援活動　39
支援市場　179, 181
しがらみ　161
事業システム　48
　　——の変革　68
資源・能力アプローチ　→ RBV
自己実現のマーケティング　142
市場価値　159
市場の細分化　→セグメンテーション
市場の成長性　24
シーズ　4
システム　57
システムエンジニア　61
システム構築・運営　47
実　行　129
実　装　72, 75, 83
実装段階　75
自働化　8
自動テスト　95
ジャストインタイム　49
「写メ」　165
収益市場　179, 181
州消費者プライバシー法（CCPA）　118
集中度　25
柔軟性　84
州プライバシー権利法（CPRA）　118
主活動　39
仕　様　74
証券業界の分析　29
仕様書　74
消費者保護　118
情　報　56, 58
　　——の産業化　67-69
情報系システム　59, 60
情報システム　3, 5, 57, 59
　　——開発　98
　　——開発における分業の程度　99
　　——と経営の関係　5
　　——のアーキテクチャ　75
　　——の模倣困難性　132
　　狭義の——　57
　　広義の——　57
　　1980 年代以降の——　8
　　大学の——　60
情報システム論　11
情報通信技術　→ ICT
情報的経営資源　128
初期投資額の大きさ　25

新規参入の脅威　22, 24, 32
　潜在的な――　31
新技術　164, 167
新興企業　164
人工知能　→ AI
深層学習（ディープラーニング）　110, 112,
　114
　――とビジネス　113
迅速性　84
人的機構　57
信頼性　60
垂直統合モデル　165
スイッチングコスト　26, 187
スクラム　85
スケールメリット　50
スコープ　72, 73, 83
スタティックテスティング　78
ステークホルダーの要求　74
ステルスマーケティング（ステマ）　144
スタートアップ企業　169
スマートフォン　77, 150, 166, 167
スマートフォンゲーム　195
　――のビジネス　183
3D データ　68
成果報酬型広告　146
生成 AI（Generative Artifical Intelligence）
　10, 33, 114
　――のリスク　115
製造委託　→ OEM
製品差別化　24, 25
製品中心　141
セキュリティリスク　117
セグメンテーション（市場の細分化）　138
セグメント　138
世代交代　186
設　計　72, 75, 83
設計思想　→アーキテクチャ
設計仕様　75
　――書　78
設計段階　75
セルフレジ　116
先行者優位　44
戦　術　126
　――とオペレーションのフィードバックルー
　　プ　133
　――の妥当性　133
前方統合の戦略　27
戦　略　126
　――と戦術のフィードバックループ　133,

134
　――に基づく企業行動　127
戦略スラスト（戦略の推進力）　64
戦略的意思決定　126
戦略的価格づけ　182
戦略的情報システム　→ SIS
送信負荷　117
双方向性　197
組　織　44, 201
組織能力　38, 42, 124, 125, 133, 185
ソーシャルゲーム　195
ソーシャルメディア　108, 179, 182
ソフトウェア（構造）　75
　――の開発プロセス　72
　――の構成要素　79
　――の不可視性　81
　――の物理的制約のなさ　81
　――の変更のしやすさ　82

た　行

対抗度　23
　――を高める要因　23
第三者補助型モデル　178
代替品　27, 28
　――の脅威　22, 31, 32
　――のコスト／パフォーマンス比　28
ダイレクトモデル　49
対話型処理　63
宅配便　51
ターゲットセグメント　139
ターゲティング（標的市場の選定）　138, 139
妥当性確認　76, 92
地域活性化事業　169
知　識　56, 130
知識変換　131, 132
知的財産権　192
著作権　192
通信事業者（キャリア）　165
定型業務　59
ディスプレイ広告　146
ディープエル（DeepL）　114
ディープラーニング　→深層学習
デザインパターン　81
デジタイゼーション　65
デジタライゼーション　66
デジタル経済圏　199
デジタルコンテンツ　190, 191, 194
　――の価格づけ　195
デジタル人材の育成　120

事　項　● 215

デジタルデータ　131
デジタルトランスフォーメーション　→DX
手数料自由化　32
テスト　72, 76, 83, 90
　——の自動化　90
　——の目的　92
テスト項目　92
テストコード　90, 91
データ　56, 76, 99, 129, 130
　——に関する好循環　184
　——の分析手法　131
　——の利活用　183
データ構造　75
データサイエンティスト　120, 183
データソースの多様化　108
データドリブン（データ駆動型）　183
　——のアプローチ　112
　——マネジメント　196
データポータビリティの権利　118
データポータル　108
デベロッパーエクスペリエンス　101
デモグラフィック変数　139, 140
手戻り　78
電子データ処理システム　→EDPS
電力の消耗　117
動画　143
動画配信サービス　68
登録制　31
独自性　132
匿名加工情報　119
トークン　199
特許　25, 44
トップインフルエンサー　144
トップダウンの戦略形成　129
トヨタ生産方式　68
トラフィック効果　147
トルネード　152
　——期のマーケティング戦略　152

な　行

内製化　52
内部補助型モデル　178
内部要因　20, 21
ナノインフルエンサー　144
ナレッジマネジメントのツール　60
ニーズ　4
「2025年の崖」　66
ニッチ（市場）　152, 162, 164, 167
二面市場戦略　179, 181, 193

入出金データ　109
ニューテック　142
ニューラルネットワーク　112
人間中心のマーケティング　142
ネスカフェアンバサダー　152
ネットコンテンツ　190
　——の価格づけ　194
　——のビジネス　191
ネットワーク　175, 201
　——外部性／効果　175, 177
ノイズ　109

は　行

バグ　200
バージョンアップ　186
バーチャル移民　53
バーチャルリアリティ　→VR
ハッカソン　169
ハードウェアの進化　108
バリューチェーン（価値連鎖）　39, 48
　——分析　45
パレートの法則　162
半構造化データ　107
半構造的な問題　63
半導体製造装置業界　25
バンドリング　49
ピア・トゥー・ピア　→PtoP
非構造化データ　107, 109
ビジネスインテリジェンス（BI）システム
　60
ビジネスプロセスリエンジニアリング
　→BPR
ビジネスモデルの柔軟性　181, 182, 184
非代替性トークン　→NFT
ビッグデータ　6, 106
　——の活用　111
　——の収集　108
　——の抽出　109
　——の分析　109
ビックデータアーキテクト　120
ビックデータストラテジスト　120
非定型業務　59
ビデオ広告　146
ヒトの振る舞い（行為）　126
　——の記録・蓄積・分析　131
ビュー　76
費用　79
標準化　26
費用対効果　7

標的市場の選定 →ターゲティング
ビルド 95
品質 79
ファウンドリ企業 25
フィードバックループ 129
不可逆の変化 10
不確実性 20
普及率16%の原理 151
複雑性 79
プッシュ 95
物流業界におけるアンバンドリング 51
プライバシー 117
プラットフォーム 174
——移行 186
——イノベーション 185
——の利点 177
——パラドックス 185
——ビジネス 174, 181
ブランド 25
——ロイヤリティ 25
フリーソフトウェア運動 200, 201
フリマアプリ市場 154
フリーミアム（Freemium） 176, 178, 195
——部利用者負担型—— 178
フルフィルメントサービス 51
ブログ 142
プログラム 91
——の美しさ 98
ブロックチェーン 199
フロントローディング 92
分散処理フレームワーク 109
文章生成 114
分野間データ連携基盤 119
補完財 183, 184
——提供企業との協調 185
ポジショニング 126
ポジショニングアプローチ 20
ボトムアップの戦略形成 129
ボランティア型モデル 178

ま 行

マーケットイノベーション 158
マーケティング 138, 183
——1.0 141
——2.0 141
——3.0 141
——4.0 142, 143
——5.0 142
マジョリティ 152

マシンラーニング →機械学習
マテリアルイノベーション 158
マネジメントコントロールシステム 44
マネタイズ 194
マルチメディアデータ 107
3つのV 106
無形資源 38
無料コンテンツ 195
無料（free）モデル 178
無料ユーザ 196
メインストリーム市場 151
メインフレーム 62
メタバース 199
メディアミックス 148
メール 60
モジュール化 80
モデル 76
モノのインターネット →IoT
模倣困難性 42, 43

や 行

有形資源 38
有料の音楽配信サービス 193
有料ユーザ 196
ユーザ 85, 198
——からのフィードバック 200
——の組織化 202
ユーザイノベーション 199
ユーザインターフェイス 154
ユーザエクスペリエンス（ux）→顧客体験価
値
ユーザビリティの検証 77
要求言語化の難しさ 82
要求事項 74
要求分析 74
要件定義 72, 73, 83

ら・わ 行

ライセンス供与 169
ラガード（採用遅延者） 150, 151
利益機会 32, 42
リコメンデーション機能 111
リスク分散 148
リソースベーストビュー →RBV
リーダーシップ 48
リーチ力 144
両面の設計 74
リレーショナルデータベース管理システム
→RDBM

事 項 ● 217

レイトマジョリティ（後期多数採用者）　150
歴史的条件　44
レコメンデーション機能　161
レスポンス効果　147
レビューサイト　179

ロジック　76, 99
ロングテール　162
──戦略　161
忘れられる権利　118
「ワンクリック」システム　161

人　名

アルファベット

A ～ G
Anderson, C.　162, 178, 195
Anderson, P.　160
Ashton, K.　115
Baldwin, R.　53
Barnard, C. I.　202
Barney, J. B.　39
Bezos, Jeff（Jeffrey Preston Jorgensen）　161
Bharadwaj, A. S.　131
Champy, J.　64
Chesbrough, H. W.　168
Christensen, C. M.　163, 164
Cukier, K.　68
Cusumano, M.　200
Cusumano, M. A.　185
Dell, M.　48
Dorsey, J. R.　143
Eisenmann, T.　174
Fanning, S.　192
Gawer, A.　185

H ～ R
Hamel, G.　45
Hammer, M.　64
Iansiti, M.　200
Katz, M. L.　175
Kotler, P.　141–143
MacCormack, A.　200
Moore, G. A.　151, 152
O'reilly, T.　197
Penrose, E. T.　125
Porter, M. E.　20, 39
Prahalad, C. K.　45
Richard Stallman　201
Rochet, J. C.　174
Rogers, E. M.　150

S ～ Y
Schumpeter, J. A.　158

Shapiro, C.　175
Steve, J.　153
Tirole, J.　174
Tushman, M. L.　160
Villa, D.　143
von Hippel, E.　199, 201
Wada, T.　186
Wiseman, C.　64
Yoffie, D.　200

50 音順
アンダーソン，クリス　→ Anderson, C.
アンダーソン，P.　→ Anderson, P.
井上達彦　48
小野﨑彩子　68
オライリー，ティム　→ O'reilly, T.
加護野忠男　48
河島伸子　190
クリステンセン，C. M.　→ Christensen, C. M.
ケビン，アシュトン　→ Ashton, K.
國領二郎　182
ジョブズ，スティーブ　→ Steve, J.
シュンペーター，A.　→ Schumpeter, J. A.
新宅純二郎　195
ストールマン，リチャード　→ Richard Stallman
高橋伸夫　201
タッシュマン，M. L.　→ Tushman, M. L.
田中辰雄　195
デル，マイケル　→ Dell, M.
日本生産性本部　62
野島美保　194, 196
野中郁次郎　85
バーナード，チェスター，I.　→ Barnard, C. I.
フォン・ヒッペル　→ von Hippel, E.
藤田英樹　202, 203
ベゾス，ジェフ　→ Bezos, Jeff（Jeffrey Preston Jorgensen）
ポーター　→ Porter, M. E.
三木谷浩史　20
柳川範之　195

山口真一　　195
山田進太郎　　20

山田進太朗　　154

企業・組織名

アルファベット

Airbnb　　32, 66, 158
ARM　　170
Barnes & Nobles　　161
BMW　　96
British Airways　　118
CTO 協会　　101
DDI セルラーグループ　　165
Dell　　158
GM（ゼネラルモーターズ）　　170
Google Ventures（GV）　　170
IPA（〔独立行政法人〕情報処理推進機構）
　　90
Lime　　170
LINE ヤフー　　114
Meta　　69
Microsoft　　114
NEC　　166
Netflix　　33, 96
NTT ドコモ　　165
NVIDIA　　25, 27
P & G　　141
Slack　　170
Uber　　66, 152, 158, 170
Wework　　170

50 音順

あ・か行

アップル（Apple）　　26, 50, 52, 69, 142, 166,
　　193
アディダス（Adidas）　　97
アマゾン（Amazon）　　50, 69, 96, 111, 132,
　　158, 161, 178, 186
アマゾン・ドットコム（Amazon.com）　　161
アリババ（Alibaba）　　69
アルファベット　　170
インテル（Intel）　　26, 27, 185
キューピー　　114
京セラ　　165, 170
クアンタ（広達電脳）　　50
グーグル（Google）　　69, 111, 118, 184, 185
クックパッド　　174
コンバル（仁宝電脳）　　50

さ・た行

サイボウズ　　60
ジェイビル　　50
資生堂　　169
シャープ　　45
（独立行政法人）情報処理推進機構　　→ IPA
ジレット　　182
末広庵　　169
スタディサプリ　　139, 140
スターバックス（Starbucks）　　96
セガ　　185
セブン-イレブン　　132
　　——の情報システム　　58
ソニー　　45, 170, 178
ソフトバンク　　166
ソフトバンク・ビジョン・ファンド　　170
ダイキン　　116
大和証券　　114
ツイッター（Twitter）　　118
デュポン　　170
デル　　48
テンセント（Tencent）　　69
東進ハイスクール　　33

な・は行

内閣官房デジタル田園都市国家構想実現会議事
　　務局　　111
内閣府地方創生推進室　　111
ナップスター（Napster）　　192
任天堂　　178, 185
ネスカフェ　　152
ネットスケープ（Netscape）　　200
バイドゥ（Baidu）　　69
パタゴニア　　142
パナソニック　　166
ファーストリテイリング　　116, 142
フェイスブック（Facebook）　　69, 179, 184
ペガトロン　　50
ベネッセ　　33
ベライゾン（Verizon）　　96
ホンダ　　45
鴻海精密工業（Foxconn）　　50, 52

企業・組織名　●　219

ま・や・ら行

マイクロソフト（Microsoft）　27, 185, 200
マサチューセッツ工科大学（MIT）　114
松井証券　46
ミクシィ（mixi）　179
メルカリ　20, 32, 153
森永製菓　169
ヤマトホールディングス　50

ユーチューブ（YouTube）　197
ユニクロ　→ファーストリテイリング
ライオン　170
楽天　178, 186
　　──市場　20, 33
リクルート　33, 139
リナックス（Linux）　200

著者紹介　　**生稲 史彦**（いくいね・ふみひこ）
　　　　　　中央大学大学院戦略経営研究科教授

　　　　　　髙井 文子（たかい・あやこ）
　　　　　　横浜国立大学大学院国際社会科学研究院・経営学部教授

　　　　　　野 中　誠（のなか・まこと）
　　　　　　東洋大学経営学部教授

【有斐閣ストゥディア】

経営情報論
Basics of Management Information

2025 年 4 月 1 日 初版第 1 刷発行

著　　者	生稲史彦・髙井文子・野中誠
発行者	江草貞治
発行所	株式会社有斐閣
	〒101-0051 東京都千代田区神田神保町 2-17
	https://www.yuhikaku.co.jp/
装　　丁	キタダデザイン
印　　刷	萩原印刷株式会社
製　　本	大口製本印刷株式会社
装丁印刷	株式会社亨有堂印刷所

落丁・乱丁本はお取替えいたします。定価はカバーに表示してあります。
©2025, Fumihiko IKUINE, Ayako TAKAI, and Makoto NONAKA
Printed in Japan. ISBN 978-4-641-15043-0

本書のコピー、スキャン、デジタル化等の無断複製は著作権法上での例外を除き禁じられています。本書を代行業者等の第三者に依頼してスキャンやデジタル化することは、たとえ個人や家庭内の利用でも著作権法違反です。

JCOPY　本書の無断複写（コピー）は、著作権法上での例外を除き、禁じられています。複写される場合は、そのつど事前に、(一社)出版者著作権管理機構(電話 03-5244-5088, FAX 03-5244-5089, e-mail:info@jcopy.or.jp)の許諾を得てください。